Schwerbehinderung

Keine Frage offen

Heinfried Tintner

Haufe Mediengruppe
Freiburg · Berlin · München

Bibliographische Information der Deutschen Nationalbibliothek

Die Deutsche Nationalbibliothek verzeichnet diese Publikation in der Deutschen Nationalbibliographie; detaillierte bibliographische Daten sind im Internet über http://dnb.d-nb.de abrufbar.

ISBN: 978-3-448-09283-7 Bestell-Nr. 07187-0001

1. Auflage 2009

Redaktionsanschrift: Fraunhoferstraße 5, 82152 Planegg/München
Telefon: (0 89) 8 95 17-0
Telefax: (0 89) 8 95 17-2 90
www.haufe.de
online@haufe.de
Produktmanagement: Dr. Leyla Sedghi

Produktion: bretzinger : media.production, Karlsruhe
Umschlag: Kienle Visuelle Kommunikation, Stuttgart
Druck: Dürrschnabel Druckerei und Verlag GmbH, Elchesheim-Illingen

Zur Herstellung dieses Buches wurde alterungsbeständiges Papier verwendet.

Inhalt

Vorwort 11

Kapitel 1
Schwerbehinderung – was ist das?

Was versteht man unter »Behinderung«? 14
Welche Menschen sind behindert? 16
Wann sind Menschen mit einer Behinderung als schwerbehindert anzusehen? 18
Grad der Behinderung – was versteht man darunter? 20
Wo ist das Schwerbehindertenrecht geregelt? 22
Welches sind die wichtigsten Vergünstigungen für Schwerbehinderte? 24

Kapitel 2
Die Feststellung der Schwerbehinderung

Wie wird eine Schwerbehinderung festgestellt? 28
Auf was sollten Sie bei der Antragstellung achten? 30
Was passiert nach der Antragstellung bis zu einer Entscheidung durch die Behörde? 32
Wie entscheidet die Behörde über Vorliegen und Grad einer Behinderung? 34
Welche häufig anzutreffenden Behinderungen führen zu welchem Grad der Behinderung? 36
Wie werden psychische Störungen bewertet? 38
Gesamtgrad der Behinderung – wie wird er ermittelt? 40

Was ist noch bei der Bildung des Gesamt-GdB zu beachten? 42
Welche Gesundheitsstörungen müssen zusammentreffen, damit eine Schwerbehinderung vorliegt? 44
Wie sieht die abschließende Entscheidung der Behörde aus? 46
Kommt auch die rückwirkende Feststellung einer Behinderung in Betracht? 48
Wie lange dauert das Verfahren zur Feststellung einer Behinderung? 50
Kann eine Schwerbehinderung auch ohne Feststellung durch das Versorgungsamt vorliegen? 52
Ist eine nachträgliche Änderung der Feststellung des GdB möglich? 54
Heilungsbewährung – was versteht man darunter? 56

Kapitel 3
Der Schwerbehindertenausweis und seine Merkzeichen

Wie bekomme ich einen Schwerbehindertenausweis und welche Bedeutung hat er? 60
Wie lange ist ein Schwerbehindertenausweis gültig? 62
Wann habe ich Anspruch auf unentgeltliche Beförderung im öffentlichen Personennahverkehr? 64
Wer bekommt das Merkzeichen »G«? 66
Besteht die Möglichkeit, eine Begleitperson unentgeltlich mitzunehmen? 68
Wer darf auf Behindertenparkplätzen und auf nicht erlaubten Flächen parken? 70
Ist es schwer, das Merkzeichen »aG« zu erhalten? 72

Wann erhalte ich eine Befreiung von der Rundfunkgebührenpflicht? ... 74
Wer hat Anspruch auf »H« und welche Vorteile sind damit verbunden? ... 76
Welche Besonderheiten gibt es bei der Vergabe des Merkzeichens »H« an Kinder und Jugendliche? ... 78
Gibt es besondere Merkzeichen für blinde und gehörlose Menschen? ... 80
Was verbirgt sich hinter den Merkzeichen »Kriegsbeschädigt«, »VB«, »EB« und »1Kl.«? ... 82

Kapitel 4
Rechte schwerbehinderter Menschen im Arbeitsleben

Haben auch behinderte Menschen die Rechte für Schwerbehinderte im Arbeitsleben? ... 86
Gegen wen richten sich die Ansprüche des Schwerbehinderten? ... 88
Berufsausbildung – welche Ansprüche bestehen? ... 90
Gibt es Prüfungs- und Ausbildungserleichterungen für Schwerbehinderte? ... 92
Haben Schwerbehinderte einen Anspruch auf bevorzugte Einstellung? ... 94
Welche Ansprüche gibt es zur Sicherung eines Arbeitsplatzes? ... 96
Gibt es auch unterstützende Leistungen im Umfeld des Arbeitsplatzes? ... 98
Werkstätten für Behinderte – wann besteht ein Anspruch auf Aufnahme? ... 100
Schwerbehindertenvertretung – was ist das? ... 102

Ist der Arbeitsplatz eines Schwerbehinderten besonders gegen Kündigung geschützt? ... 104
Wie wirkt sich die Schwerbehinderung auf die zeitliche Verpflichtung zur Arbeitsleistung aus? ... 106

Kapitel 5
Vergünstigungen und Hilfen für schwerbehinderte Menschen

Anspruch auf Altersrente – wie wirkt sich eine Schwerbehinderung aus? ... 110
Gibt es eine spezielle Rente für Schwerbehinderte, die nicht mehr arbeiten können? ... 112
Leistungen der gesetzlichen Krankenversicherung – welche Folgen hat die Schwerbehinderung? ... 114
Haben Schwerbehinderte Ansprüche in der gesetzlichen Pflegeversicherung? ... 116
Welche Auswirkungen hat die Schwerbehinderung auf das Arbeitslosengeld II? ... 118
Welche Rolle spielt die Schwerbehinderung für die Sozialhilfe oder die Grundsicherung im Alter? ... 120
Steuerliche Erleichterungen – welche gibt es? ... 122
Kann ich noch weitere behinderungsbedingte Mehraufwendungen geltend machen? ... 124
Können höhere Pkw-Fahrtkosten steuerlich geltend gemacht werden? ... 126
Gibt es noch weitere steuerliche Besonderheiten? ... 128
Welche Hilfen gibt es bei der Unterkunft? ... 130
Welche Rechte gibt es bei der Miete von Wohnraum? ... 132
Welche Hilfen gibt es bei der Benutzung von öffentlichen Verkehrsmitteln? ... 134
Welche Hilfen gibt es bei der Pkw Nutzung? ... 136

Welche Vergünstigungen gibt es noch? 138

Kapitel 6
Leistungen zur Teilhabe für alle behinderten Menschen

Was sind Leistungen zur Teilhabe für behinderte und von Behinderung bedrohte Menschen? 142
Wer erbringt diese Rehabilitationsleistungen und wer ist zuständig? 144
Medizinische Rehabilitation – was ist das? 146
Welche Leistungen zur Teilhabe am Arbeitsleben werden erbracht? 148
Unterhaltssichernde Leistungen und Leistungen zur Teilhabe am Gemeinschaftsleben – was ist das? 150
Wer ist bei Behinderten für die Erbringung von Hilfsmitteln zuständig? 152

Kapitel 7
Das Recht der sozialen Entschädigung

Soziales Entschädigungsrecht – was verbirgt sich dahinter? 156
Opfer des Zweiten Weltkriegs und Bundeswehrsoldaten – welche Ansprüche bestehen? 158
Welche Personen kommen noch als Leistungsberechtigte in Betracht? 160
Welche Folgen hat es, wenn Opfer von Gewalttaten ihre Schädigung selbst mitverursacht haben? 162
Welche Leistungen werden im sozialen Entschädigungsrecht erbracht? 164
In welcher Höhe werden Leistungen gezahlt? 166

Kapitel 8
Wie kann ich meine Rechte durchsetzen?

Was kann ich gegen eine ablehnende behördliche Entscheidung tun? ... 170
Wie wehre ich mich gegen einen ablehnenden Widerspruchsbescheid? ... 172
Wie läuft das Klageverfahren ab? ... 174
Welche Ermittlungen stellt das Gericht an und muss ich dabei mitwirken? ... 176
Mit welchen Kosten muss ich bei einem Klageverfahren rechnen? ... 178
Begutachtung – wie läuft sie ab? ... 180
Wie kann ich Einfluss auf die Durchführung der Begutachtung nehmen? ... 182

Stichwortverzeichnis ... 185

Vorwort

Das Schwerbehindertenrecht will vor allem die soziale Benachteiligung ausgleichen, denen Personen infolge einer Behinderung im beruflichen und gesellschaftlichen Leben ausgesetzt sind. In Deutschland gibt es circa 6,9 Millionen Personen, die als Schwerbehinderte anerkannt sind, das heißt, bei denen das Vorliegen eines Grades der Behinderung von wenigstens 50 festgestellt worden ist. Dies entspricht einem Anteil an der Wohnbevölkerung von rund 8,4 Prozent.

Mit der Feststellung der Schwerbehinderung ist eine Vielzahl von Nachteilsausgleichen, das heißt Hilfen und Vergünstigungen verbunden, die sich auf die unterschiedlichsten Lebensbereiche beziehen. Einen Schwerpunkt des Schwerbehindertenrechts machen dabei Regelungen aus, die auf eine Verbesserung der beruflichen Situation abzielen. Die vielfältigen Hilfen in diesem Bereich stehen für viele Schwerbehinderte allerdings schon deswegen nicht im Vordergrund, weil ein Großteil von ihnen aus Altersgründen dem Arbeitsmarkt nicht mehr zur Verfügung steht. So sind die Hälfte aller Schwerbehinderten mindestens 65 Jahre alt, weitere 25 Prozent sind im Alter zwischen 55 und 65 Jahren. Für diesen Personenkreis kommen daher nur andere der zahlreichen Nachteilsausgleiche in Betracht, wie z.B. Hilfen im Personenverkehr, steuerliche Vorteile oder auch Vorteile beim Bezug der Altersrente. Es ist allerdings schwierig, den genauen Umfang aller Hilfen zu überblicken, die in den verschiedenen Lebensbereichen für Schwerbehinderte in Frage kommen. Zu dieser Unübersichtlichkeit trägt vor allem bei, dass das Schwerbehindertenrecht nicht in einem Gesetz, sondern in verschiedenen Gesetzen, Verordnungen und sonstigen Vorschriften geregelt ist.

Damit ein behinderter oder schwerbehinderter Mensch überhaupt in den Genuss entsprechender Vergünstigungen und Hilfen kommen kann, muss er zunächst den Nachweis erbringen, dass er zum Kreis der berechtigten Personen zählt, bei ihm also eine Schwerbehinderung vorliegt. Dieser Nachweis wird in der Regel mit dem Schwerbehindertenausweis erbracht. Dieser Ausweis wird ausgestellt, wenn die zuständige Behörde in einem förmlichen Verwaltungsverfahren das Vorliegen einer Schwerbehinderung festgestellt hat. Nur ausnahmsweise ist eine solche Feststellung entbehrlich, nämlich vor allem dann, wenn der Schwerbehinderte gleichzeitig auch schwerbeschädigt im Sinne des sozialen Entschädigungsrechts ist.

Im vorliegenden Ratgeber finden sich Antworten auf die häufigsten Fragen im Zusammenhang mit der Feststellung der Schwerbehinderung und die wichtigsten mit der Schwerbehinderung verbundenen Rechte.

Köln, Februar 2009 *Dr. Heinfried Tintner*

Kapitel 1
Schwerbehinderung – was ist das?

In diesem Kapitel erhalten Sie einen ersten Überblick über wichtige Nachteilsausgleiche und Vergünstigungen für schwerbehinderte Menschen. Es wird erläutert, was unter dem Begriff »Behinderung« zu verstehen ist und wann eine »Schwerbehinderung« vorliegt.

Das Schwerbehindertenrecht will die soziale Benachteiligung ausgleichen, denen Personen infolge einer Behinderung im beruflichen und gesellschaftlichen Leben ausgesetzt sind. Mit der Feststellung der Schwerbehinderung ist eine Vielzahl von Nachteilsausgleichen, das heißt Hilfen und Vergünstigungen verbunden, die sich auf die unterschiedlichsten Lebensbereiche beziehen.

Was versteht man unter »Behinderung«?

Für das Schwerbehindertenrecht ist der Begriff »Behinderung« in § 2 Abs. 1 Sozialgesetzbuch Neuntes Buch (SGB IX) definiert. Danach sind Menschen behindert, deren

- körperliche Funktion, geistige Fähigkeit oder seelische Gesundheit
- mit hoher Wahrscheinlichkeit länger als sechs Monate
- von dem für das Lebensalter typischen Zustand abweichen und
- daher ihre Teilnahme am Leben in der Gesellschaft beeinträchtigt ist.

Teilhabe in verschiedenen Lebensbereichen

Der Gesetzgeber hat sich dabei am Stand der aktuellen internationalen Diskussionen um den Begriff der Behinderung orientiert. Seine Definition richtet sich nach dem seit dem Jahr 2000 in der Weltgesundheitsorganisation (WHO) verwendeten Gesundheitsbegriff. Danach steht für die Frage, ob eine Behinderung vorliegt, nicht mehr nur die Orientierung an wirklichen oder vermeintlichen körperlichen Defiziten im Vordergrund, sondern vielmehr eine dadurch eventuell eingeschränkte Möglichkeit der Teilnahme (das Gesetz spricht von »Teilhabe«) in den verschiedenen Lebensbereichen. Im Gegensatz dazu richtete sich das bis zum 30.6.2001 geltende Schwerbehindertengesetz bei der Frage, ob eine Behinderung vorliegt, noch danach, ob ein regelwidriger körperlicher, geistiger oder seelischer Zustand zu einer funktionellen Beeinträchtigung geführt hat. Nicht von Bedeutung war, ob damit die Teilnahme in verschiedenen Lebensbereichen beeinträchtigt war.

Abgrenzung der Behinderung zur Krankheit

Unter einer Krankheit im Sinne des Krankenversicherungsrechts ist ein Körper- oder Geisteszustand zu verstehen, der die Notwendigkeit einer ärztlichen Heilbehandlung zur Folge hat. Es ist also nicht in jedem Fall maßgebend, ob dieser Zustand Auswirkungen auf das Verhalten des Betroffenen hat und dessen Möglichkeiten, an zumindest einem Lebensbereich teilzunehmen«, eingeschränkt ist.

Von einer Behinderung kann dagegen erst dann gesprochen werden, wenn damit funktionelle Auswirkungen und Folgen für die Teilnahme am gesellschaftlichen Leben verbunden sind.

BEISPIEL

Bei Vorliegen eines leichten Bluthockdrucks noch ohne Organveränderungen handelt es sich zwar durchaus um eine behandlungsbedürftige Krankheit. Damit sind aber häufig keine Leistungsbeeinträchtigungen verbunden, die Auswirkungen auf die Teilnahme am Leben haben. Es liegt daher keine Behinderung vor.

In den meisten Fällen gehen die für das Schwerbehindertenrecht relevanten Behinderungen allerdings aus einer Krankheit hervor. Deutlich seltener beruhen sie auf einer angeborenen Behinderung, einer Schädigung, die zu einer Entschädigung nach dem sozialen Entschädigungsrecht führt, oder einem Arbeitsunfall.

Welche Menschen sind behindert?

Behinderung setzt zunächst voraus, dass die körperlichen Funktionen, die geistigen Fähigkeiten oder die seelische Gesundheit einer Person von dem Zustand, der für das Lebensalter typisch ist, abweichen. Unter Abweichen versteht man den Verlust oder die Beeinträchtigung von normalerweise vorhandenen körperlichen Funktionen, geistigen Fähigkeiten oder seelischer Gesundheit. Das ist z.B. bei den üblichen Kindes- oder Alterserscheinungen nicht der Fall; sie rufen folglich auch keine Behinderung im rechtlichen Sinne hervor.

Körperliche Funktionsbeeinträchtigung

BEISPIEL

Der Verlust der Zeugungsfähigkeit im Alter wird bei Männern als nicht behindernd angesehen, hingegen wohl bei jüngeren Männern mit noch bestehendem Kinderwunsch.

Ein vom für das typische Lebensalter abweichender körperlicher, geistiger oder seelischer Zustand als solcher stellt aber noch keine Behinderung im Sinne der Schwerbehindertenrechts dar. Vielmehr muss dieser Zustand eine körperliche Funktionsbeeinträchtigung, z.B. eine Gehbehinderung, Atembeschwerden, eine Sehstörung oder einen Verlust bzw. eine Einschränkung geistiger Fähigkeiten (z.B. Verlust der Erinnerungsfähigkeit, Intelligenzmangel) zur Folge haben.

So bedingen etwa massive Verschleißveränderungen der Wirbelsäule im Röntgenbild, die ab einem bestimmten Alter häufig auch als Zufallsbefund gefunden werden, noch nicht die Annahme einer Behinderung. Vielmehr entsteht eine behindertenrechtliche Bedeutung erst dann, wenn die Veränderungen zu einem klinisch feststellbaren Funktionsausfall gegenüber dem altersgemäßen Normalzustand geführt haben.

Länger als sechs Monate

Außerdem beinhaltet der Begriff der Behinderung – im Gegensatz zu dem der Krankheit – stets auch ein zeitliches Moment. Behinderung ist im Gegensatz zur Krankheit immer ein chronischer Prozess, da von einer Behinderung nur dann gesprochen werden kann, wenn ein Zustand wenigstens sechs Monate andauert oder mit hoher Wahrscheinlichkeit andauern wird.

Beeinträchtigung der Teilhabe am Leben in der Gesellschaft

Schließlich müssen nach dem »neuen« Behinderungsbegriff des SGB IX diese Funktionsstörungen die Teilhabe des Betroffenen am Leben in der Gesellschaft beeinträchtigen, wobei es gleichgültig ist, in welchen Lebensbereichen sich diese Auswirkungen zeigen. Dies kann etwa im Berufsleben der Fall sein, notwendig ist das aber nicht. Vielmehr kann auch eine nicht berufstätige Person zum Kreis der Behinderten gehören, die konkret »nur« in der Fähigkeit zu reisen, einen Gottesdienst zu besuchen oder Sport zu treiben beeinträchtigt ist.

Wann sind Menschen mit einer Behinderung als schwerbehindert anzusehen?

Welche Personen als schwerbehindert anzusehen sind, ergibt sich aus § 2 Abs. 2 SGB IX. Danach sind Menschen schwerbehindert, bei denen ein »Grad der Behinderung« (»GdB«) von wenigstens 50 vorliegt, die in Deutschland wohnen, sich hier gewöhnlich aufhalten oder zumindest in Deutschland beschäftigt sind.

Alle Personen können schwerbehindert sein

Ebenso wie Arbeitnehmer können Arbeitgeber, aber auch Rentner, Erwerbslose oder Kinder schwerbehindert sein, denn obwohl das SGB IX einen Hauptzweck im Schutz des Schwerbehinderten am Arbeitsplatz hat, enthält es doch eine umfassende Regelung zum Schutz aller schwerbehinderten Personen, und zwar in sämtlichen Lebensbereichen. In der Praxis ist es sogar so, dass die Mehrzahl von Schwerbehindertenanträgen nicht von Erwerbstätigen gestellt wird, denn der überwiegende Teil der Schwerbehinderten arbeitet bereits aus Altergründen nicht mehr (50 Prozent aller Schwerbehinderten sind 65 Jahre oder älter, weitere 25 Prozent der Schwerbehinderten sind zwischen 55 und 65 Jahren alt).

Auch Ausländer

Da die deutsche Staatsangehörigkeit nicht vorausgesetzt wird, können auch Ausländer die Feststellung ihrer Schwerbehinderung beanspruchen, was besonders für Gastarbeiter und deren Familienangehörige von erheblicher Bedeutung ist (z.B. für ihren Kündigungsschutz). Allerdings müssen sowohl der Aufenthalt in Deutschland als auch die Beschäftigung rechtmäßig sein. Es muss also eine Aufenthalts- und/oder eine Arbeitserlaubnis/-berechtigung nachgewiesen werden. Schwerbehindert im rechtlichen Sinne können Ausländer aber auch dann sein, wenn sie sich nur geduldet seit Jahren in Deutschland aufhalten, ein Ende des Aufenthalts aber unabsehbar ist und die Ausländerbehörde gleichwohl keinen längerfristigen Aufenthaltstitel erteilt.

Kein Wohnsitz in Deutschland erforderlich

Die besonderen Regelungen zur Teilhabe für schwerbehinderte Menschen gelten solange, wie die Behinderten ihren Aufenthalt oder ihre Beschäftigung in Deutschland und gegebenenfalls im EU-Ausland haben. Ein Wohnsitz im Ausland steht der Feststellung des Grades der Behinderung (GdB) aber weder bei Deutschen, noch bei Ausländern entgegen, wenn eine im Ausland wohnende Person die Feststellung des GdB benötigt, um konkrete inländische Rechtsvorteile in Deutschland in Anspruch nehmen zu können (z.B. den Schwerbehindertenpauschbetrag im Einkommensteuerrecht oder die vorzeitige Altersrente für schwerbehinderte Menschen aus der gesetzlichen Rentenversicherung).

Grad der Behinderung – was versteht man darunter?

Die Auswirkungen einer Beeinträchtigung der Teilhabe am Leben in der Gesellschaft und damit das Ausmaß einer Behinderung werden als »Grad der Behinderung« (abgekürzt: GdB) in einer nach Zehnergraden abgestuften Zahl von 20 bis 100 festgestellt. Die Bemessung des GdB richtet sich nach den Beeinträchtigungen in allen Lebensbereichen, also nicht etwa nur nach der Beeinträchtigung im Erwerbsleben. Deswegen ist mit der Feststellung eines bestimmten GdB auch noch keine Aussage über eine mögliche Beeinträchtigung im Erwerbsleben getroffen.

Es ist also nicht so, dass mit der Feststellung eines GdB von 50 und damit der Schwerbehinderung z.B. das Vorliegen einer Arbeits- oder gar einer Erwerbsunfähigkeit festgestellt wird. Vielmehr dient das Schwerbehindertenrecht ja gerade auch der Eingliederung von Schwerbehinderten in das Erwerbsleben.

Mindestens GdB von 20

Damit von einer Behinderung im Sinne des Gesetzes überhaupt gesprochen werden kann, muss mindestens ein GdB von 20 vorliegen. Erreichen die bei Ihnen vorliegenden Gesundheitsstörungen insgesamt keinen GdB von 20, liegt keine Behinderung im Sinne des Gesetzes vor. Das bedeutet, dass in den Fällen, in denen ein GdB von 20 nicht ermittelt werden kann, keine förmliche Feststellung durch das Versorgungsamt ergeht und der Antrag auf Feststellung einer Behinderung abgelehnt wird.

Sie erhalten also bereits ab einem GdB von 20 einen Bescheid des Versorgungsamts, in dem festgestellt wird, dass Sie behindert sind. Ein Schwerbehindertenausweis steht Ihnen aber erst ab einem GdB von 50 zu.

Höherer GdB

Da Schwerbehinderte nur Personen mit einem GdB von mindestens 50 sind, kommt der Feststellung eines GdB in dieser Höhe in der Praxis die wichtigste Bedeutung zu.

Besondere Bedeutung hat darüber hinaus aber auch noch die Feststellung eines GdB von 30 für Personen, die noch im Arbeitsleben stehen. Bei Vorliegen eines GdB von 30 (oder 40) kann nämlich beim Arbeitsamt die sogenannte »Gleichstellung« mit Schwerbehinderten beantragt werden. Wird die Gleichstellung ausgesprochen, was voraussetzt, dass der Behinderte ohne die Gleichstellung einen geeigneten Arbeitsplatz nicht erlangen oder behalten kann, hat er bereits mit einem GdB von 30 im Arbeitsleben nahezu dieselben Rechte wie ein Schwerbehinderter (vgl. auch S. 86 f.).

Außerhalb dieser Grenzen hat die Höhe des GdB (z. B. die Frage, ob ein GdB von 70 oder 80 vorliegt), vor allem Bedeutung für die Frage der Höhe des steuerrechtlich relevanten Behinderten-Pauschbetrags.

Wo ist das Schwerbehindertenrecht geregelt?

Das Verbot der Benachteiligung behinderter Menschen hat Verfassungsrang und ist seit 1994 ausdrücklich in Artikel 3 Abs. 3 des Grundgesetzes verankert (»Niemand darf wegen seiner Behinderung benachteiligt werden.«). Die Aufnahme dieses – eigentlich selbstverständlichen – Benachteiligungsverbots trägt vor allem auch dem Umstand Rechnung, dass im Mittelpunkt der politischen und gesellschaftlichen Anstrengungen im Bereich des Behindertenrechts schon seit einiger Zeit nicht mehr die Fürsorge und die Versorgung von behinderten Menschen steht, sondern die Ermöglichung einer selbstbestimmten Teilhabe am gesellschaftlichen Leben und die Beseitigung der Hindernisse, die ihrer Chancengleichheit entgegenstehen.

SGB IX als zentrale gesetzliche Regelung

Um dieses Ziel zu erreichen, hat der Gesetzgeber im Jahr 2001 als zentrales Gesetz zugunsten (Schwer-)Behinderter das Neunte Buch des Sozialgesetzbuches (SGB IX), das mit dem Titel »Rehabilitation und Teilhabe behinderter Menschen« überschrieben ist, geschaffen. Dieses Gesetz dient in erster Linie der Rehabilitation, also der Eingliederung von behinderten Menschen in Arbeit, Beruf und Gesellschaft in Form von medizinischen, schulischen, beruflichen und sozialen Maßnahmen und Hilfen. Der Gesetzgeber hat hier den Versuch unternommen, die bis dahin in verschiedenen Einzelgesetzen enthaltenen

Vorschriften, die sich mit den Leistungen und Hilfen zur Eingliederung behinderter Menschen befassen, in einem Gesetz zusammenzuführen, um die Rechtsanwendung sowohl für die Betroffenen als auch für die Leistungsträger zu vereinfachen. Der erste Teil des Gesetzes enthält Regelungen für alle behinderten und von einer Behinderung bedrohten Menschen. Im zweiten Teil, dem bisherigen Schwerbehindertengesetz, finden sich Regelungen, die ausschließlich für schwerbehinderte (und diesen gleichgestellte) Menschen gelten.

Weitere gesetzliche Regelungen

Die Rechte Schwerbehinderter und Behinderter sind nicht nur im SGB IX geregelt. Es finden sich auch Regelungen in zahlreichen anderen Gesetzen und Verordnungen. Die Regelungen außerhalb des SGB IX haben ihren Schwerpunkt überwiegend nicht in der Integration der Betroffenen in das Arbeits- und Berufsleben. Von Bedeutung sind in diesem Zusammenhang etwa die weiteren Gesetzbücher des Sozialgesetzbuches, insbesondere das SGB III (Arbeitsförderung), das SGB V (Krankenversicherung), das SGB VI (Rentenversicherung) und das SGB XII (Sozialhilfe).

Außerhalb des Sozialrechts ist das Steuerrecht ebenso von Bedeutung wie das Allgemeine Gleichbehandlungsgesetz von 2006 und das Gesetz zur Gleichstellung behinderter Menschen von 2002. Letzteres soll durch den Abbau von Barrieren im öffentlichen Raum Benachteiligungen entgegenwirken.

Insbesondere auch der Umstand der Zersplitterung seiner Rechtsgrundlagen macht das Schwerbehindertenrecht gerade auch für die Betroffenen äußerst unübersichtlich.

Welches sind die wichtigsten Vergünstigungen für Schwerbehinderte?

Nachteilsausgleiche (Vergünstigungen) sind Hilfen für behinderte Menschen zum Ausgleich behinderungsbedingter Nachteile oder Mehraufwendungen. Die wichtigsten Nachteilsausgleiche, die an die Schwerbehinderteneigenschaft anknüpfen, sind im Folgenden im Überblick dargestellt.

Vergünstigungen

Folgende Vergünstigungen erhält der Schwerbehinderte im Bereich des Arbeitslebens:

- verstärkter arbeitsrechtlicher Kündigungsschutz,
- Zusatzurlaub von einer (Arbeits-)Woche,
- Befreiung von Mehrarbeit,
- besondere Hilfen bei der Erlangung oder Bewahrung eines Arbeitsplatzes durch Arbeitsagenturen und Integrationsämter,
- besonderer Schutz behinderter Heimarbeiter.

Im Bereich der Krankenversicherung erfolgen Nachteilsausgleiche

- durch das Beitrittsrecht zur freiwilligen gesetzlichen Krankenversicherung und durch
- die Befreiung von Zuzahlungen bei chronisch Kranken (ab GdB von 60).

Als Vergünstigungen in der Rentenversicherung ist der vorzeitige abschlagsfreie Rentenbezug von Bedeutung (neuerdings grundsätzlich ab dem 65. Lebensjahr; Rentenbezug schon ab dem 63. Lebensjahr für Schwerbehinderte, die vor 1964 geboren sind; aber Hinausschieben der Altersgrenze für Versicherte, die nach 1951 geboren sind). Versicherte, die bis zum 16.11.1950 geboren sind und am 16.11.2000 schwerbehindert waren, haben Anspruch auf Altersrente für schwerbehinderte Menschen nach Vollendung des 60. Lebensjahres.

Im Steuerrecht gelten sogenannte Behinderten-Pauschbeträge bei der Einkommensteuer, z.B. 570 Euro bei einem GdB von 50, höchstens 1.420 Euro bei einem GdB von 100.

Nachteilsausgleiche, die neben der Schwerbehinderung weitere gesundheitliche Einschränkungen voraussetzen

Neben diesen Nachteilsausgleichen, deren Inanspruchnahme das Vorliegen einer Schwerbehinderung zur Voraussetzung hat, gibt es auch noch Vergünstigungen, die an das Vorliegen weiterer gesundheitlicher Voraussetzungen anknüpfen und deren Inanspruchnahme die Eintragung bestimmter »Merkzeichen« in den Schwerbehindertenausweis voraussetzt. Dabei handelt es sich um die Merkzeichen »G«, »B«, »aG«, »H«, »Bl«, »Gl«, »RF« und »1.Kl«. Damit verbunden sind etwa

- die (teilweise) Kostenbefreiung im öffentlichen Personenverkehr (z.B. bei »G«, »aG« und »H)«,
- die Befreiung von der Rundfunkgebührenpflicht und Ermäßigung im Fernsprechdienst (bei »RF«) und
- die Möglichkeit zum Parken auf Behindertenparkplätzen (bei »aG«).

Kapitel 2
Die Feststellung der Schwerbehinderung

Damit die mit einer Schwerbehinderung verbundenen Rechte in Anspruch genommen werden können, muss zunächst förmlich festgestellt werden, dass eine Schwerbehinderung vorliegt. Dies erfolgt auf Antrag in einem hierfür vorgesehenen Verwaltungsverfahren.

In diesem Kapitel erfahren Sie, auf was Sie bereits bei der Antragstellung achten müssen und wie das Verfahren abläuft. Dabei werden vor allem auch die für die Entscheidungsfindung besonders wichtigen Grundlagen der Bildung des Grades der Behinderung dargestellt.

Wie wird eine Schwerbehinderung festgestellt?

Die Feststellung des Vorliegens einer Behinderung und die Feststellung des Grades der Behinderung erfolgt grundsätzlich durch die für die Durchführung des Bundesversorgungsgesetzes zuständigen Behörden. Das sind die Versorgungsämter, die heute in einigen Bundesländern auch andere Bezeichnungen haben (z.B. »Amt für Versorgung und Familie«, »Amt für Familie und Soziales« oder »Amt für soziale Angelegenheiten«). Im bislang einzigen Bundesland fallen in Nordrhein-Westfalen seit Anfang 2008 die Zuständigkeit für die Durchführung des Bundesversorgungsgesetzes und die Feststellung des Vorliegens einer Behinderung auseinander. Für die Feststellung einer Behinderung sind dort die Kreise bzw. die kreisfreien Städte zuständig, während die Durchführung des Bundesversorgungsgesetzes jetzt den Landschaftsverbänden obliegt. Wenn daher im Folgenden bisweilen vom »Versorgungsamt« gesprochen wird, ist jeweils die nach dem jeweiligen Landesrecht zuständige Behörde gemeint.

TIPP

Zuständige Behörde

Eine Übersicht darüber, welche Behörde in Ihrem Bundesland für Sie zuständig ist, erhalten Sie im Internet unter www.versorgungsaemter.de. Sie können aber auch Ihre Stadtverwaltung oder jeden Versicherungsträger anrufen und erhalten dort Auskunft.

Nur auf Antrag

Die Feststellung einer Behinderung geschieht nur auf Ihren ausdrücklichen Antrag. Auch wenn bei Ihnen bereits eine Behinderung festgestellt wurde, erfolgt bei einer möglichen Verschlechterung Ihres Gesundheitszustands die Feststellung eines höheren Grades der Behinderung immer nur auf Antrag.

TIPP

Antragstellung bei jedem Sozialleistungsträger

Sofern Sie die für Sie zuständige Behörde nicht herausfinden können, können Sie den Antrag auch bei jedem Sozialleistungsträger stellen. Dazu zählen etwa die Rentenversicherungsträger (Deutsche Rentenversicherung), die Arbeitsverwaltung (Arbeitsämter) und die gesetzlichen Krankenkassen. Überdies wird der Antrag auch bei allen Gemeinden und bei Personen, die sich im Ausland aufhalten, außerdem auch von den dortigen amtlichen Vertretungen der Bundesrepublik Deutschland entgegengenommen.

Keine Beteiligung Dritter

Beteiligte des Antragsverfahrens sind nur der Antragsteller und die zuständige Behörde. Dritte werden am Verfahren auch dann nicht beteiligt, wenn ihre Rechte durch den Ausgang des Verfahrens betroffen sind. So erfolgt z.B. keine Beteiligung des Arbeitgebers, obwohl durch die Feststellung einer Schwerbehinderung dessen Interesse, etwa durch den Sonderkündigungsschutz und den Sonderurlaub, der einem Schwerbehinderten zu steht, unmittelbar berührt werden.

Auf was sollten Sie bei der Antragstellung achten?

Ein Antrag auf Feststellung einer Behinderung kann formlos gestellt werden. Für eine zügige Bearbeitung empfiehlt es sich jedoch, das von den Versorgungsbehörden zur Verfügung gestellte Antragsformular zu verwenden. Dieses lässt sich auch aus dem Internet herunterladen. In einigen Bundesländern besteht zudem sogar die Möglichkeit, den Antrag elektronisch per Internet zu stellen (z.B. in Nordrhein-Westfalen unter www.elsa.nrw.de).

Inhalt des Antrags

In dem Antrag werden neben Angaben zu Ihrer Person vor allem auch Angaben zu den bei Ihnen vorliegenden Gesundheitsstörungen und den Sie behandelnden Ärzten abgefragt. Beachten Sie, dass im Verwaltungsverfahren die Beurteilung durch das Versorgungsamt im Regelfall immer nur nach Aktenlage erfolgt. Daher kommt Ihren Angaben im Antrag entscheidende Bedeutung zu. In erster Linie tragen also die Angaben, die Sie hier zu Ihren Gesundheitsstörungen und den hieraus resultierenden Beeinträchtigungen machen, zur Entscheidungsfindung der Behörde bei. Vorsicht: Von Ihnen bei der Antragstellung nicht gemachte Angaben werden also bei der Entscheidungsfindung der Behörde nicht berücksichtigt.

Gleiches gilt für die Angabe Ihrer behandelnden Ärzte. Antragsteller, die hier nicht alle Ärzte angeben, die Auskunft über die aktuell behinderungsrelevanten Gesundheitsstörungen machen können, laufen Gefahr, dass wichtige Informationen nicht erhoben werden und damit für eine Bewertung ebenfalls nicht zur Verfügung stehen.

Antrag sorgfältig ausfüllen
Nehmen Sie sich daher für die Antragstellung ausreichend Zeit. Je gründlicher der Antrag ausgefüllt wird, desto größer sind letztlich Ihre Erfolgsaussichten.

Sie sollten Ihrem Antrag darüber hinaus sämtliche in Ihrem Besitz befindlichen Unterlagen beifügen, die Auskunft über Ihren aktuellen Gesundheitszustand und die von Ihnen geltend gemachten Gesundheitsstörungen geben können (z.B. Arztbriefe, Atteste, Krankenhaus- und Kurentlassungsberichte, Röntgen- und Laborbefunde). Dies macht möglicherweise weitere Ermittlungen von seiten der Behörde bereits entbehrlich und verkürzt so die Bearbeitungsdauer.

Den Hausarzt einschalten
Bestehen bei Ihnen Zweifel über die bei Ihnen vorliegenden Gesundheitsstörungen bzw. deren Bedeutung, kann es sinnvoll sein, Rücksprache mit Ihrem Hausarzt zu nehmen, bevor Sie den Antrag bei der Behörde einreichen. Dieser kann Ihnen auch mitteilen, ob er noch über Befunde weiterer behandelnder Ärzte verfügt.

Vergessen Sie nicht, am Ende des Antrags, die Sie behandelnden Ärzte von Ihrer ärztlichen Schweigepflicht zu entbinden. Wenn Sie davon absehen, besteht die Gefahr, dass die Behörde den Sachverhalt nicht weiter aufklären kann, was im Zweifel zu Ihren Lasten geht.

Was passiert nach der Antragstellung bis zu einer Entscheidung durch die Behörde?

Im Schwerbehindertenrecht spielt die Aufklärung des medizinischen Sachverhalts eine ganz wichtige Rolle. Entsprechende Ermittlungen führt die zuständige Behörde im Anschluss an die Antragstellung von Amts wegen durch, wobei sich diese Ermittlungen in der Regel auf eine Begutachtung nach Aktenlage beschränken. Meist erfolgt nur die Einholung von Befundberichten von behandelnden Ärzten. Dabei werden vorliegende Erkrankungen und damit verbundene Leistungseinschränkungen, erhobene Befunde sowie Art und Umfang von durchgeführten Behandlungsmaßnahmen vom Arzt erfragt. Außerdem werden gegebenenfalls bereits in anderen Verfahren (z.B. Rentenverfahren) erstellte Gutachten und weitere medizinische Unterlagen (z.B. Krankenhaus- oder Rehabilitationsentlassungsberichten) beigezogen.

Prüfungsumfang

Die eingeholten Befundberichte und sonstigen Unterlagen, einschließlich der vom Antragsteller vorgelegten medizinischen Unterlagen, werden dann sozialmedizinisch kundigen Ärzten vorgelegt. Diese Ärzte sind bei der Behörde angestellt oder für diese als externe Ärzte tätig. Sie geben auf der Basis der ihnen vorliegenden Unterlagen eine gutachtliche Berteilung ab. Darin äußern sie sich zu den vorliegenden Gesundheitsstörungen und nehmen dazu Stellung, ob und in welchem Umfang diese zu einer Behinderung führen. Dabei ordnen sie jeder festgestellten Gesundheitsstörung einen sogenannten Einzelgrad der Behinderung zu und bilden hieraus einen Gesamtgrad der Behinderung (zum Verfahren der Feststellung vgl. S. 40 ff.).

Mit der Erstellung dieser versorgungsärztlichen Stellungnahme sind die Ermittlungen der Behörde in den meisten Fällen beendet, so dass die gutachtliche Beurteilung nach Aktenlage damit regelmäßig Grundlage für die spätere Entscheidung der Behörde bildet.

TIPP

Versorgungsärztliche Stellungnahme einsehen

Da aus der eigentlichen Entscheidung, dem Bescheid, nicht hervorgeht, aus welchen Gründen die Behörde einen bestimmten Grad der Behinderung festgestellt hat, empfiehlt es sich stets, zur Überprüfung der Entscheidung der Behörde die versorgungsärztliche Stellungnahme einzusehen. Diese befindet sich in der Akte der Behörde.

Einholung eines Gutachtens aufgrund persönlicher Untersuchung

Eine Begutachtung aufgrund einer Untersuchung des Antragstellers erfolgt nur in den wenigsten Fällen. Dies dürfte in erster Linie auf die Vielzahl der gestellten Anträge in Relation zu den der Versorgungsverwaltung zur Begutachtung zur Verfügung stehenden Ärzten zurückzuführen sein.

Wie entscheidet die Behörde über Vorliegen und Grad einer Behinderung?

Die wichtigste Entscheidungshilfe, um an Hand der festgestellten Gesundheitsstörungen und Funktionsbeeinträchtigungen einen Grad der Behinderung zu bilden, stellen neben den gesetzlichen Vorgaben seit dem 1.1.2009 die sogenannten Versorgungsmedizinischen Grundsätze dar. Diese entsprechen inhaltlich nahezu vollständig den Anhaltspunkten für die ärztliche Gutachtertätigkeit im sozialen Entschädigungsrecht und nach dem Schwerbehindertenrecht (kurz »Anhaltspunkte«) an deren Stelle sie zum genannten Zeitpunkt getreten sind.

TIPP

»Versorgungsmedizinische Grundsätze« bzw. »Anhaltspunkte« beschaffen

Die letzte Fassung der Anhaltspunkte und die aktuelle Fassung der Versorgungsmedizinischen Grundsätze finden Sie z.B. auf der Internetseite des Bundesministeriums für Arbeit und Soziales (www.bmas.de unter »Publikationen«).

»Versorgungsmedizinische Grundsätze« bzw. »Anhaltspunkte«

Diese »Versorgungsmedizinischen Grundsätze« bzw. »Anhaltspunkte« enthalten für zahlreiche Gesundheitsstörungen die maßgeblichen GdB-Sätze, die sowohl dem begutachtenden Arzt, als auch der Verwaltung und den Gerichten als Maßstab für eine sachgerechte und bei gleichen Sachverhalten einheitliche Beurteilung des GdB dienen.

Die festgelegten GdB-Sätze beruhen unter anderem auf den Erfahrungen von Ärzten, die über besondere Kenntnisse auf dem Gebiet des Versorungs- und des Schwerbehindertenrechts verfügen. Außer den GdB-Sätzen enthalten sie allgemeine Regelungen für die Beurteilung des Gesamtausmaßes einer Behinderung (Gesamt-GdB) für den Fall, dass mehrere Gesundheitsstörungen vorliegen. Die Versorgungsmedizinischen Grundsätze stellen Rechtsnormen dar, die sowohl für die Verwaltungen als auch für die Gerichte bindend sind.

Altersunabhängige Mittelwerte

Die in den Versorgungsmedizinischen Grundsätzen bzw. Anhaltspunkten dargestellten GdB-Werte stellen altersunabhängige Mittelwerte dar. In ihnen sind die mit den jeweiligen Gesundheitsstörungen einhergehenden »üblichen« Schmerzen, seelischen Begleiterscheinungen und sonstigen Auswirkungen grundsätzlich jeweils mit berücksichtigt. Es spielt auch keine Rolle, ob sich ein Behinderter im Laufe der Zeit an den Zustand gewöhnt hat oder ob er mit den Folgen besser oder schlechter umgehen kann als andere.

Welche häufig anzutreffenden Behinderungen führen zu welchem Grad der Behinderung?

In den Versorgungsmedizinischen Grundsätzen sind die Gesundheitsstörungen in der GdB-Tabelle (gelegentlich auch salopp als »Knochentaxe« bezeichnet) nach Organssystemen zusammengefasst, nämlich in die Bereiche 1. Gehirn einschließlich Psyche, 2. Augen, 3. Ohren, 4. Atmung, 5. Herz-Kreislauf, 6. Verdauung, 7. Harnorgane, 8. Geschlechtsapparat, 9. Haut, 10. Blut einschließlich blutbildendes Gewebe und Immunsystem, 11. Innere Sekretion und Stoffwechsel, 12. Arme, 13. Beine und 14. Rumpf.

Einzelne Bewertungen

Am häufigsten leiden Schwerbehinderte an Behinderungen aus dem internistischen und dem orthopädischen Bereich. Bei Letzterem handelt es sich oft um Gesundheitsstörungen aus dem Bereich der Wirbelsäule. Hier gilt beispielsweise, dass Wirbelsäulenschäden mit mittelgradigen funktionellen Auswirkungen in einem Abschnitt z.B. bei häufig rezidivierenden und Tage andauernden Wirbelsäulensyndromen, mit einem GdB von 20 bewertet werden.

Im Bereich der Extremitäten ist die Bewertung meist vom Ausmaß der vom Arzt zu messenden Bewegungseinschränkung abhängig. Hier führt z.B. eine völlige Versteifung des oberen und unteren Sprungelenks in günstiger Stellung zu einem GdB von 30.

Bei internistischen Erkrankungen werden häufig das Vorliegen einer Blutzuckererkrankung (Diabetes mellitus) und Herz-/Kreislauferkrankungen geltend gemacht. Die Bewertung des Diabetes richtet sich vor allem danach, welche Art der Behandlung durchzuführen ist. Muss mit Insulin behandelt werden, ist mindestens ein GdB von 30 anzusetzen, bei Kindern ist oft sogar von einem GdB von 50 auszugehen. Bei Herz-/Kreislauferkrankungen hängt die Bewertung vom Ausmaß der Leistungsbeeinträchtigung ab. Ein GdB von 50 kommt erst in Betracht, wenn eine Leistungseinschränkung bereits bei leichter Belastung auftritt, also z. B. beim Treppensteigen von höchstens einer Etage.

Bei Augen und Ohrenerkrankungen richtet sich der GdB nach dem vom Arzt zu bestimmenden Ausmaß der Einschränkung des Seh- bzw. Hörvermögens. So wird etwa die vollständige Blindheit auf einem Auge (wenn auf dem anderen Auge allenfalls eine geringfügige Einschränkung der Sehfähigkeit vorliegt) mit einem GdB von 30 und eine vollständige Blindheit auf beiden Augen mit einem GdB von 100 bewertet. Taubheit auf nur einem Ohr bei Normalhörigkeit des anderen Ohres bedingt einen GdB von 20, während Taubheit auf beiden Ohren zu einem GdB von 80 führt.

Selbstverständlich können die Versorgungsmedizinischen Grundsätze nicht für alle denkbaren Erkrankungen Bewertungsvorgaben enthalten. Für die dort nicht ausdrücklich aufgeführten Gesundheitsstörungen muss jeweils ein GdB in Analogie mit vergleichbaren Gesundheitsstörungen gebildet werden.

Wie werden psychische Störungen bewertet?

Bei den bislang beschriebenen Krankheitsbildern lässt sich der GdB an Hand der objektiven Befunde (z.B. zu messende Bewegungseinschränkung, Belastbarkeit in der Funktionsuntersuchung) meist relativ einfach bestimmen. Dies ist bei den bei der Beurteilung ebenfalls häufig eine Rolle spielenden psychischen Erkrankungen bzw. Störungen aber nicht der Fall. Hier ist unabhängig von der Frage, welche Störung diagnostiziert worden ist, für die Frage, welcher GdB vorliegt, vielmehr auf das Ausmaß der sozialen Anpassungsschwierigkeiten abzustellen. Bei einer leichteren psychischen Störung (GdB 0-20) finden sich noch keine sozialen Anpassungsschwierigkeiten, bei einer stärker behindernden Störung (GdB 30-40) liegen leichte soziale Anpassungsschwierigkeiten vor, die allerdings bereits mit einer wesentlichen Einschränkung der Erlebnis- und Gestaltungsfähigkeit einhergehen. Demgegenüber gehen schwere Störungen mit mittelgradigen (dann GdB 50-70) oder sogar mit schweren sozialen Anpassungsstörungen (dann GdB 80-100) einher.

Anpassungsschwierigkeiten

Von leichten sozialen Anpassungsschwierigkeiten ist auszugehen, wenn eine Berufstätigkeit auf dem allgemeinen Arbeitsmarkt ohne wesentliche Beeinträchtigung möglich ist und im zwischenmenschlichen Bereich keine wesentliche Beeinträchtigung der familiären Situation oder der Ehe eintritt.

Mittelgradige soziale Anpassungsschwierigkeiten liegen z.B. vor, wenn eine psychische Veränderung vorliegt, die sich in den meisten Berufen auswirkt und die zwar eine weitere Tätigkeit grundsätzlich noch erlaubt, aber eine verminderte Einsatzfähigkeit bedingt, die auch eine berufliche Gefährdung einschließt. Im Bereich Familie/Sozialkontakte bestehen dann zwar erhebliche Probleme durch Kontaktverlust und affektive Nivellierung. Es liegt aber noch keine Isolierung und noch kein sozialer Rückzug in einem Umfang vor, der z. B. eine vorher intakte Ehe gefährden könnte.

Dazu ein Beispiel:

Die B. arbeitet bei einer Sparkasse. Nachdem Sie vor einigen Jahren Opfer eines bewaffneten Banküberfalls geworden ist, leidet sie u.a. an einer schweren Angststörung, die trotz regelmäßig durchgeführter medizinischer Behandlung weiter besteht. B. ist nicht mehr in der Lage, ihre bisherige Tätigkeit im Schalterdienst zu verrichten. Sie ist nun nur noch halbtags in der Sachbearbeitung ohne Kundenkontakt tätig. Trotzdem kommt es häufig zu einer Arbeitsunfähigkeit. Oft traut sie sich allein nicht mehr aus dem Haus. Von Freunden und Bekannten hat sie sich weitgehend zurückgezogen. Innerhalb der Familie bestehen die bisherigen Kontakte fort.

Hier ist durchaus von mittelgradigen Anpassungsschwierigkeiten auszugehen, die einen GdB von 50 rechtfertigen.

Bei der Beurteilung des Schweregrades gilt, dass eine Störung als umso schwerer zu bewerten ist, je mehr Aspekte der Lebensgestaltung sie betrifft.

Gesamtgrad der Behinderung – wie wird er ermittelt?

In aller Regel machen Antragsteller mehrere Funktionsstörungen geltend, um die Schwerbehinderteneigenschaft zu erreichen. Auch in einem großen Teil der gerichtlichen Verfahren im Schwerbehindertenrecht geht es um die Bildung des Gesamt-GdB aus mehreren vorliegenden Einzel-GdB.

Festellung des Einzel-GdB

Zur Bildung des Gesamt-GdB muss zunächst für jede Störung ein Einzelbehinderungsgrad (Einzel-GdB) festgestellt werden. Sodann sind die Auswirkungen der einzelnen Funktionsbeeinträchtigungen in ihrer Gesamtheit unter Berücksichtigung ihrer wechselseitigen Beziehungen zu einander zu bewerten. Zu beachten ist dabei, dass bei der Bildung des Gesamt-GdB keinesfalls die Einzel-GdB einfach addiert werden dürfen, weil dies vielfach zu völlig unrealistischen Sätzen des Gesamt-GdB führen würde. Auch andere Rechenmethoden sind ungeeignet.

Vielmehr ist zunächst von der Gesundheitsstörung mit dem höchsten Behinderungsgrad auszugehen und dann im Hinblick auf alle weiteren Funktionsbeeinträchtigungen zu prüfen, ob und inwieweit dadurch das Ausmaß der Behinderung größer wird und ob entsprechend der GdB erhöht werden muss, um der Behinderung insgesamt gerecht zu werden.

Funktionsbeeinträchtigungen

Es sind vor allem die wechselseitigen Beziehungen der verschiedenen Funktionsbeeinträchtigungen zu berücksichtigen, wobei vor allem folgende Konstellationen in Betracht kommen:

- Eine Funktionsbeeinträchtigung wirkt sich auf eine andere besonders nachteilig aus. Hier ist in der Regel eine Erhöhung gerechtfertigt. Beispiel: Funktionsbeeinträchtigungen an paarigen Gliedmaßen (Armen/Beinen) oder Organen (Augen/Ohren/Nieren).
- Die Auswirkungen von Funktionsbeeinträchtigungen überschneiden sich so, dass sich das Hinzutreten der weiteren Gesundheitsstörungen kaum noch auswirkt. Beispiel: Zu einer Herzerkrankung mit schwerer Leistungsbeeinträchtigung, die sich auch auf das Gehvermögen und die Fortbewegungsfähigkeit auswirkt, treten noch ein Lungenschaden mit leichterer Auswirkung auf die Leistungsfähigkeit und ein leichterer Fußschaden. Diese wirken sie sich bei gleichzeitigem Auftreten mit dem Herzschaden nur noch wenig aus, weil bereits diese Erkrankung die Leistungsfähigkeit erheblich limitiert. Es kommt nicht zu einer GdB Erhöhung.
- Die Auswirkungen der einzelnen Funktionsbereiche sind voneinander unabhängig und betreffen ganz verschiedene Bereiche des täglichen Lebens. Beispiel: Zusammentreffen einer insulinpflichtigen Zuckerkrankheit mit einer Hörbehinderung und einer Gehbehinderung.

Fälle aus der letzten Gruppe sind am schwierigsten zu beurteilen. Hier kann es, muss es aber nicht, zu einer Erhöhung des Ausmaßes der Behinderung und damit des Gesamt-GdB kommen. Hier ist die Beurteilung in besonderem Maße vom Einzelfall abhängig (siehe Beispiele auf S. 44 ff.).

Was ist noch bei der Bildung des Gesamt-GdB zu beachten?

Bei der Bildung des Gesamt-GdB ist weiter zu beachten, dass das Hinzutreten von zusätzlichen leichten Gesundheitsstörungen, die nur einen GdB von 10 bedingen, grundsätzlich nicht zu einer Erhöhung des Gesamt-GdB führen, auch dann nicht, wenn mehrere derartige leichte Gesundheitsstörungen nebeneinander bestehen.

BEISPIEL

1. Herzmuskelschwäche mit Leistungsbeeinträchtigung bei mittelschwerer Belastung 40
2. Geringgradige Funktionsstörung der Wirbelsäule in einem Abschnitt 10
3. Bewegungseinschränkung linkes Knie 10
4. Bewegungseinschränkung linke Hand 10
5. Rez. Gastritis bei Z. n. Magengeschwür 10
6. Asthma bronchiale ohne dauernde Einschränkung der Lungenfunktion 10
7. Blutzuckererkrankung 10

Trotz der Vielzahl der Einzelbehinderungen verbleibt es bei einem Gesamt-GdB von 40.

Außerdem ist zu beachten, dass es auch bei leichten Funktionsbeeinträchtigungen mit einem GdB-Grad von 20 vielfach nicht gerechtfertigt ist, auf eine wesentliche Zunahme des Ausmaßes der Behinderung – und damit eine Gesamt-GdB Erhöhung – zu schließen.

Vergleich mit festen Werten in »Anhaltspunkten«

Hilfreich bei der Betrachtung, welche Gesamtauswirkung die verschiedenen Funktionsbeeinträchtigungen haben, ist immer auch ein Vergleich mit solchen Gesundheitsstörungen, für die in den Versorgungsmedizinischen Grundsätzen jeweils feste Werte enthalten sind. Bevor also das Vorliegen einer Schwerbehinderung festgestellt werden kann, muss untersucht werden, ob das Gesamtausmaß der vorliegenden Funktionsbeeinträchtigungen vergleichbar ist mit den Auswirkungen einer Gesundheitsstörung, für die ein GdB von 50 vorgesehen ist.

GdB von 50

Dies ist als Kontrollüberlegung anzustellen. Die Versorgungsmedizinischen Grundsätze verweisen insoweit ausdrücklich z.B. auf folgende Gesundheitsstörungen, die alleine zu einem GdB von 50 führen:

- schwere Herzleistungsstörungen oder schwere Lungenfunktionsstörungen, die jeweils bereits bei leichter Belastung (z.B. bei Treppensteigen bis zu einem Stockwerk zu einer Leistungsbeeinträchtigung führen,
- den Verlust einer Hand,
- den Verlust eines Beines im Unterschenkel.

Wenn man den Gesamtzustand eines Antragstellers mit einem Zustand vergleicht, wie ihn z.B. der Verlust einer Hand herbeiführt oder der besteht, wenn bereits leichte körperliche Belastungen nur noch mit Einschränkungen möglich sind, ist es möglicherweise leichter einzusehen, warum das Vorliegen von mehreren, relativ leichten Funktionsstörungen mit einem Einzel-GdB von je 20 oder sogar 30 nicht unbedingt einen Gesamt-GdB von 50 rechtfertigt.

Welche Gesundheitsstörungen müssen zusammentreffen, damit eine Schwerbehinderung vorliegt?

Diese Frage lässt sich so nicht beantworten. Wie sich bereits aus den zur Bildung des Gesamt-GdB angestellten Überlegungen ergibt (vgl. die beiden vorhergehenden Fragen) bestehen keine »Rechenmethoden«, die stets zu gleichen und genau vorhersehbaren Ergebnissen führen. Beispielsweise wird man nicht sagen können, dass Einzel-GdB Werte von z.B. 30, 20, 20 und 20 stets zu einem GdB von 50 führen.

Dazu ein Beispiel (nach einer Entscheidung des Landessozialgerichts Nordrhein-Westfalen):

1.	Somatoforme Störung (Schmerzstörung)	30
2.	Funktionseinschränkung der Wirbelsäule mit Nervenreizungen	20
3.	Belastungsabhängige Schmerzen bei degenerativen Veränderungen der Kniegelenke	20
4.	Chronische Darmerkrankung	20
5.–8.	weitere Leiden mit jeweils	10

Es wurde hier ein Gesamt-GdB von 40 festgestellt, weil sich die Auswirkungen der somatoformen Störung (Schmerzstörung) und der orthopädischen Leiden weitgehend überschneiden und nur die Auswirkungen der Darmerkrankung zu einer weiteren Einschränkung des täglichen Lebens führen.

Gesamt-GdB von 50

Eben sowenig lässt sich aber auch sagen, dass bei solchen Einzel-GdB Werten eine Schwerbehinderung nicht in Betracht kommt.

Auch dazu ein Beispiel (nach einer Entscheidung des Landessozialgerichts Berlin-Brandenburg):

1.	Funktionseinschränkung der Wirbelsäule mit mittelgradigen Auswirkungen in zwei Abschnitten	30
2.	Geringradige Bewegungseinschränkung beider Kniegelenke	20
3.	Bluthochdruck mit Organbeteiligung leichten bis mittleren Grades	20
4.	Obstruktive Lungenerkrankung mit geringer Einschränkung der Lungenfunktion	20
5.	Blutzuckererkrankung	10

In diesem Fall wurde ein Gesamt-GdB von 50 mit der Begründung angenommen, dass sich alle Gesundheitsstörungen unabhängig voneinander in verschiedenen Bereichen des täglichen Lebens auswirken.

Entsprechendes gilt auch dann, wenn z.B. Gesundheitsstörungen mit einem Einzel-GdB von 40 und 20 zusammentreffen. Auch in diesen Konstellationen – und in allen übrigen auch – kommt es stets auf die Umstände des Einzelfalles an. Sie sehen also, warum sich der Ausgang von Verfahren, in denen um die Feststellung einer Schwerbehinderung gestritten wird, oft nur schwer voraussagen lässt.

Wie sieht die abschließende Entscheidung der Behörde aus?

Nach Durchführung der erforderlichen Ermittlungen ergeht nach vorheriger Anhörung des Antragstellers die Entscheidung der Behörde in Form eines sogenannten Verwaltungsakts (»Bescheid«).

Behörde entscheidet

Beachten Sie, dass es sich bei der abschließenden Bewertung der Behinderung und die Feststellung des GdB nicht um die Entscheidung eines Mediziners, sondern um die eines Juristen handelt, also des behördlichen Sachbearbeiters (bzw. in einem gerichtlichen Verfahren des Richters), bei der die ärztlichen Feststellungen allerdings eine wesentliche Grundlage bilden.

Nur (Gesamt-)Behinderung wird festgestellt

In dem Bescheid der Behörde erscheint nur der Gesamt-GdB, der dem Ausmaß der vorliegenden Behinderung entspricht. Die für die einzelnen Funktionsstörungen angenommene Einzel-GdB, die Grundlage der Bildung des Gesamt-GdB sind, tauchen hingegen im Bescheid nicht auf. Nur der Gesamt-GdB wird auch für die Beteiligten bindend. Im Verfügungssatz des Bescheids tauchen deswegen auch die einzelnen Funktionsbeeinträchtigungen, die auch »Einzelbehinderungen« genannt werden, nicht auf.

Es gibt nach dem Gesetz nur eine Behinderung, deren Vorliegen von der Versorgungsbehörde festzustellen ist. Deren Ausprägungsgrad »Grad der Behinderung« (Gesamt-GdB) ergibt sich nicht aus mehreren »Behinderungen«, sondern wird durch das Ausmaß der vorliegenden Funktionsbeeinträchtigungen und deren Auswirkungen bestimmt. Auch wenn deshalb im Rahmen der Bildung des Gesamt-GdB für jede Funktionsbeeinträchtigung ein Einzel-GdB festzustellen ist, bezeichnen diese Einzel-GdB keine einzelnen Behinderungen, sondern stellen lediglich »Rechengrößen« für die Bewertung des Ausmaßes der einen (Gesamt-) Behinderung dar.

BEISPIEL

Bescheid über die Feststellung einer Schwerbehinderung:

Auf Ihren Antrag vom ... stellen wir fest: Ihr Grad der Behinderung (GdB) beträgt 50 (fünfzig).

Gründe: ...

Begründung

In der Begründung des Bescheids sind unter »Gründe« dann zumeist die einzelnen Gesundheitsstörungen, die zu dem festgestellten Gesamt-GdB geführt haben genannt. Auch hier tauchen aber nicht die zugehörigen Einzel-GdB-Werte auf.

TIPP

Akteneinsicht

Wenn Sie nachprüfen wollen, auf welche Weise die Behörde zu dem festgestellten Gesamt-GdB gelangt ist, müssen Sie in die dortigen Akten Einsicht nehmen. Diese enthält auch die der Entscheidung zugrunde liegende versorgungsärztliche Stellungnahme.

Kommt auch die rückwirkende Feststellung einer Behinderung in Betracht?

Die Festsetzung des GdB erfolgt normalerweise für die Zeit ab Antragstellung oder auch von einem späteren Zeitpunkt an, in dem etwa im Laufe des Verfahrens eine Verschlechterung eingetreten ist.

Ausnahmsweise auch rückwirkende Feststellung

Die Feststellung einer Behinderung für einen Zeitpunkt, der vor der Antragstellung liegt, kommt nur ausnahmsweise in Betracht. Nach höchstrichterlicher Rechtsprechung ist die Rückwirkung auf offenkundige Fälle beschränkt, in denen eine Behinderung offensichtlich bereits zu einem früheren Zeitpunkt vorgelegen hat. Für ein gerichtliches Verfahren folgt daraus, dass eine Ermittlung von Amts wegen in diesen Fällen nur eingeschränkt durchzuführen ist. Vielmehr muss aus den bereits vorliegenden medizinischen Unterlagen ohne weiteres hervorgehen, dass der GdB bereits zu einem früheren Zeitpunkt vorgelegen hat, ohne dass dies durch Einholung von Befundberichten oder von Gutachten erst noch weiter aufgeklärt werden muss.

Gültigkeitsdauer der Feststellung

Grundsätzlich wird im Bescheid ein Grad der Behinderung auf unbestimmte Dauer festgesetzt. Eine zeitliche Befristung für die Zukunft (Befristung) ist nur dann zulässig, wenn konkrete Hinweise (Prognose) für den zukünftigen Wegfall der Feststellungsvoraussetzungen vorliegen, vor allem dann, wenn mit einer Besserung konkret gerechnet werden kann.

Nicht selten findet sich in Bescheiden aber der Hinweis, dass nach Ablauf einer bestimmten Zeit von der Behörde eine Überprüfung der Feststellungen vorgenommen wird. Dies ist vor allem in den Fällen der sogenannten Heilungsbewährung der Fall (vgl. S. 56 f.). In einer solchen Ankündigung ist aber keine Befristung der Feststellungen zu sehen. Vielmehr liegt darin nur die Ankündigung, dass die Behörde möglicherweise nach Ablauf der angegebenen Frist eine Überprüfung der Verhältnisse vornehmen wird. Dazu ist sie aber ohnehin zu jedem Zeitpunkt berechtigt. Zu einer Aufhebung der getroffenen Feststellung kann es im Fall einer solchen Nachprüfung aber nur kommen, wenn die Behörde nach Durchführung entsprechender Ermittlungen eine Verbesserung der gesundheitlichen Verhältnisse nachweisen kann (zum Nachprüfungsverfahren siehe S. 55).

TIPP

Anspruch auf Verlängerung des Schwerbehindertenausweises

Im Gegensatz zu den Feststellungen im Bescheid wird die Gültigkeit eines Schwerbehindertenausweises regelmäßig befristet. Es besteht aber auf Grund der grundsätzlich unbefristeten Feststellungen im Bescheid stets ein Anspruch auf Verlängerung des Ausweises, sofern die Behörde nicht ein Nachprüfungsverfahren einleitet und darin eine Verbesserung in den gesundheitlichen Verhältnissen nachweisen kann.

Wie lange dauert das Verfahren zur Feststellung einer Behinderung?

Bei seiner Entscheidung über Ihren Antrag hat das Versorgungsamt die gesetzlich geregelten Fristen zu beachten. Danach ist die Behörde grundsätzlich verpflichtet, über einen Antrag auf Feststellung einer Behinderung innerhalb von sechs Monaten zu entscheiden. Bei erwerbstätigen Behinderten gilt sogar noch eine erheblich kürzere Frist. In diesem Fall muss eine Entscheidung innerhalb von drei Wochen erfolgen. Sofern allerdings ein medizinisches Gutachten einzuholen ist (wozu auch die gutachtlichen versorgungsärztlichen Stellungnahmen zählen), ist binnen zwei Wochen nach Eingang des Gutachtens zu entscheiden.

Ist über einen Antrag nicht innerhalb der genannten Fristen entschieden, so liegt dies allerdings nicht immer an einer Säumigkeit der Behörde, sondern häufig daran, dass die von ihr angeschriebenen Ärzte die Befundberichte nicht zeitnah vorlegen. Zu einer Verzögerung kommt es nicht selten aber auch dann, wenn ein Antragsteller auf Anfragen der Behörde nicht reagiert oder sonstige Mitwirkungshandlungen unterlässt.

Mitwirkungspflichten des Antragstellers

In diesem Zusammenhang ist darauf hinzuweisen, dass Sie als Antragsteller verpflichtet sind, an der Aufklärung des Sachverhalts mitzuwirken. So müssen Sie insbesondere alle Tatsachen angeben, die sie für die Feststellung der Behinderung erheblich sind und vor allem auch auf Verlangen der Behörde der Erteilung der erforderlichen Auskünfte durch Dritte zustimmen. Außerdem sind Sie verpflichtet, sich auf Verlangen der Behörde ärztlichen Untersuchungsmaßnahmen zu unterziehen, soweit dies für die Entscheidung erforderlich ist. Etwas anders gilt nur dann, wenn ihnen die Mitwirkung nicht zuzumuten ist, wenn sie etwa aufgrund ihres Gesundheitszustands nicht in der Lage sind, sich einer ärztlichen Untersuchung zu unterziehen. Kommen Sie diesen Pflichten nicht nach, kann bereits dies zu einer Ablehnung ihres Antrages führen.

TIPP

Auf schnelle Abwicklung des Verfahrens achten

Unabhängig davon sollten Sie auf Mitwirkungsaufforderungen von seiten des Versorgungsamtes schon in eigenem Interesse zeitnah reagieren, da Sie so am Besten zu einer Beschleunigung des Verfahrens beitragen können. Außerdem können Sie helfen und, sofern erforderlich, bei Ihren behandelnden Ärzten auf eine rasche Erstellung der angeforderten Befundberichte hinwirken.

Als letzte Möglichkeit: Untätigkeitsklage

In Ausnahmefällen besteht zur Beschleunigung des Verwaltungsverfahrens darüber hinaus die Möglichkeit eine sogenannte »Untätigkeitsklage« vor dem Sozialgericht zu erheben. Hat die Behörde nicht innerhalb von sechs Monaten entschieden, ohne dass hierfür ein Grund vorliegt, kann das Gericht die Behörde verurteilen, über den Antrag innerhalb einer bestimmten Frist zu entscheiden (vgl. dazu S. 173).

Kann eine Schwerbehinderung auch ohne Feststellung durch das Versorgungsamt vorliegen?

Ja, die Feststellung einer Schwerbehinderung in dem soeben beschriebenen Verwaltungsverfahren durch das Versorgungsamt (bzw. die zuständige Behörde) kann unter bestimmten Voraussetzungen entbehrlich sein. Das ist dann der Fall, wenn schon eine andere Behörde oder das Versorgungsamt selbst in einem Rentenbescheid oder einer entsprechenden Verwaltungsentscheidung eine entsprechende Entscheidung (die Feststellung der Schädigungsfolge oder des Erwerbsminderungsgrades) getroffen hat, die dann auch dem Bescheid über die Schwerbehinderung zugrunde zu legen ist.

BEISPIEL

F. hat infolge einer Wehrdienstbeschädigung vor einigen Jahren den linken Unterschenkel verloren. Er bekommt eine Beschädigtenrente nach einer Minderung der Erwerbsfähigkeit (MdE) von 50. F. erhält auf Antrag vom Versorgungsamt ohne weiteres einen Schwerbehindertenausweis ausgestellt.

Bescheide der Versorgungsverwaltung

Es handelt sich dabei in erster Linie um Bescheide, die die Versorgungsverwaltung in einem Verfahren nach dem sozialen Entschädigungsrecht (z.B. nach dem Bundesversorgungsgesetz oder dem Opferentschädigungsgesetz getroffen hat (vgl. dazu S. 156 ff.)

oder auch um Bescheide eines Unfallversicherungsträgers (Berufsgenossenschaft).

Nicht gemeint sind hingegen Entscheidungen des gesetzlichen Rentenversicherungsträgers über die Bewilligung einer Rente wegen Erwerbsunfähigkeit bzw. Erwerbsminderung.

Höhere GdB-Werte

Zu beachten ist, dass es durch diese »Bindungswirkung« anderer Entscheidungen teilweise zu GdB-Werten kommen kann, die sich von denen unterscheiden, die bei einem Antrag auf Feststellung einer Behinderung heraus gekommen wären. Dies liegt zum Teil daran, dass die in der gesetzlichen Unfallversicherung und im Schwerbehindertenrecht bzw. sozialen Entschädigungsrecht verwandten MdE-Tabellen in Einzelpunkten unterschiedliche Bewertungen gleicher Sachverhalte enthalten.

BEISPIEL

Falls F. durch einen Arbeitsunfall einen Unterarm verloren hat (Stumpf über 7 cm) erhält er dafür von der Berufsgenossenschaft eine Unfallrente mit einer MdE von 60. Nach den Anhaltspunkten wäre dafür aber nur ein GdB von 50 festzusetzen. Trotzdem erhält F. auf entsprechenden Antrag einen Schwerbehindertenausweis mit einem GdB von 60.

Zu Abweichungen kann es auch dann kommen, wenn bei einer Feststellung nach dem sozialen Entschädigungsrecht ein sogenanntes »besonderes berufliches Betroffensein« berücksichtigt wird. Beispiel: Die Verletzung ist im obigen Beispiel durch einen Wehrdienstunfall eingetreten und F. kann deshalb seinen erlernten Beruf nicht mehr ausüben. Das Versorgungsamt stellt wegen des beruflichen Betroffenseins einen GdB von 60 (statt von eigentlich 50) fest.

Ist eine nachträgliche Änderung der Feststellung des GdB möglich?

Ja, das Verfahren zu einer Überprüfung der Feststellung des GdB kann sowohl vom Schwerbehinderten als auch von der Behörde eingeleitet werden.

Änderungsantrag durch den Schwerbehinderten

Ein Schwerbehinderter hat zu jedem Zeitpunkt das Recht, einen Änderungsantrag zu stellen, wenn er meint, dass sich sein Gesundheitszustand verschlechtert hat und bei ihm deshalb ein höherer GdB vorliegt. In diesen Fällen beginnt ein sogenanntes »Änderungsverfahren«, was in seinem Ablauf im Wesentlichen dem Verfahren bei einer Erstfeststellung entspricht. Die Behörde prüft, ob sich der Gesamtbehinderungszustand verschlechtert hat.

Beachten Sie, dass die Behörde in einem solchen Verfahren zwar den bislang festgestellten GdB nicht unterschreiten darf, aber nicht an die von ihr in der Vergangenheit zugrunde gelegten Einzel-GdB-Werte gebunden ist.

BEISPIEL

Das Versorgungsamt hat vor einigen Jahren einen GdB von 50 festgestellt, weil es zu Unrecht, für eine Blutzuckererkrankung einen GdB von 50 statt von richtigerweise 30 angesetzt hat. Nunmehr macht der Antragsteller noch ein Herzleiden geltend. Die Behörde ist in diesem Fall an ihre bisherige falsche Bewertung des Einzel-GdB nicht gebunden.

Nachprüfung durch die Behörde

Auch die Behörde kann bei einer Änderung der Verhältnisse von Amts wegen eine Nachprüfung vornehmen. Bei einer Verbesserung der gesundheitlichen Verhältnisse kommt auch eine Herabsetzung des GdB in Betracht. In diesen Fällen hat der Versorgungsarzt in der Regel bereits bei der ursprünglichen Feststellung ein Nachprüfungverfahren nach Ablauf eines gewissen Zeitraums empfohlen. Nach Ablauf dieser Zeit wendet sich dann die Behörde an den Schwerbehinderten und fordert ihn auf, anzugeben, ob sich sein Gesundheitszustand geändert hat.

Bei einer vom Versorgungsamt mit dem Ziel der Herabsetzung des GdB eingeleiteten Nachprüfung wird von der Behörde häufig nicht im notwendigen Umfang zwischen den Verhältnissen bei der letzten Bescheiderteilung und den späteren, angeblich neuen, Umständen unterschieden. Das Nachprüfungsverfahren dient aber nicht der Korrektur einer unrichtigen Entscheidung in der Vergangenheit.

Rücknahme des Bescheids

Wenn in der Vergangenheit ein GdB etwa in Folge einer falschen Auswertung von Befundberichten oder unter Zugrundelegung veralteter Befunde zu hoch festgesetzt wurde, kann eine solche anfänglich fehlerhafte Entscheidung zu Gunsten des Betroffenen nicht noch nach Jahren über eine vermeintliche nachträgliche Änderung der Verhältnisse korrigiert werden. Vielmehr kann eine ursprünglich rechtswidrige Entscheidung der Behörde grundsätzlich nur bis zum Ablauf von zwei Jahren nach ihrer Bekanntgabe zurückgenommen werden.

Heilungsbewährung – was versteht man darunter?

Die sogenannte Heilungsbewährung ist ein Sonderfall und gleichzeitig einer der häufigsten Fälle der soeben angesprochenen nachträglichen Reduzierung des Gesamt-GdB durch das Versorgungsamt im Wege eines Nachprüfungsverfahrens, wenn sich nachträglich die Verhältnisse geändert haben.

Bei schweren Krankheiten, die typischerweise zum Rückfall neigen oder bei denen der Behandlungserfolg fraglich ist, ist zu beachten, dass hier zunächst nicht der tatsächliche, rein organisch begründbare Funktionszustand zum Zeitpunkt der Antragstellung bzw. der Bescheiderteilung bewertet wird. Bei solchen Erkrankungen handelt es sich vor allem um bösartige Neubildungen oder auch einen Zustand nach einer Organtransplantation.

BEISPIEL

F. mussten wegen eines Brustkarzinoms ein Teil der rechten Brust sowie Lymphknoten entfernt werden. Obwohl ein Teilverlust der Brust nur mit einem GdB von 0-20 zu bewerten ist, setzte das Versorgungsamt zutreffend einen GdB von 60 wegen Heilungsbewährung fest.

Hier ist abzuwarten, ob sich der Zustand des Betroffenen stabilisiert oder ob neue Krankheitsschübe eintreten. Vielfach wird damit ein in der ersten Zeit der Krankheitsbewältigung typischer und verständlicher psychischer Depressionszustand mit einbezogen und entgegen dem Prinzip, dass die in der GdB Tabelle niedergelegten Sätze grundsätzlich die üblichen seelischen Begleiterkrankungen bereits mit umfassen, erhöhend berücksichtigt. Deshalb wird während des Abwartens einer sogenannten »Heilungsbewährung« ein höherer GdB-Wert als Regelfall ohne Weiteres zugebilligt als er sich sonst aus den festgestellten Störungen ergibt.

Ablauf der Heilungsbewährungszeit

In den Fällen der Heilungsbewährung reicht nun aber allein der Ablauf der Heilungsbewährungszeit aus, um den GdB entsprechend dem tatsächlich bestehenden rein organischen Zustand des Betroffenen herabzusetzen. Anders als in den sonstigen Fällen einer Neufeststellung zu Ungunsten des Betroffenen muss die Behörde in diesen Fällen keine Verbesserung der Symptome und Funktionsstörungen nachweisen, sondern kann auch bei gleich gebliebenen Symptomen eine Neubewertung (Herabsetzung) vornehmen. Der Ablauf der Heilungsbewährung selbst stellt in diesen Fällen bereits eine wesentliche Änderung der Verhältnisse dar.

BEISPIEL

Im obigen Beispiel betrug die Heilungsbewährung fünf Jahre. Nach Ablauf dieser Zeit erlässt die Behörde einen Änderungsbescheid und setzt den GdB mit 20 fest. Dies ist nicht zu beanstanden.

Zu beachten ist aber, dass in Fällen der Heilungsbewährung von der Behörde überprüft werden muss, ob möglicherweise zwar die Heilungsbewährung abgelaufen ist, ohne dass es zu Rückfällen gekommen ist, jedoch in der Zwischenzeit neue Leiden hinzugekommen sind. Es ist also der gesamte Gesundheitszustand zum Zeitpunkt der Herabsetzungsentscheidung zu beurteilen.

Kapitel 3
Der Schwerbehindertenausweis und seine Merkzeichen

Mit dem Schwerbehindertenausweis kann der Ausweisinhaber im Rechtsverkehr seine Schwerbehinderung nachweisen. In den Ausweis wird aber nicht nur der Grad der Behinderung eingetragen. Vielmehr können in den Ausweis auch sogenannte »Merkzeichen« eingetragen werden. Mit jedem dieser Merkzeichen sind jeweils bestimmte Nachteilsausgleiche verbunden, die ein Schwerbehinderter ohne diese Merkzeichen nicht in Anspruch nehmen kann. Jedes dieser Merkzeichen knüpft dabei an das Vorliegen ganz bestimmter gesundheitlicher Voraussetzungen an.

Im folgenden Kapitel werden sowohl die gesundheitlichen Voraussetzungen, die für den Eintrag dieser Merkzeichen in den Ausweis erforderlich sind, als auch die an jedes Merkzeichen geknüpften Vergünstigungen erläutert.

Wie bekomme ich einen Schwerbehindertenausweis und welche Bedeutung hat er?

Der Schwerbehindertenausweis wird von der Behörde ausgestellt, die auch für die Feststellung der Schwerbehinderung zuständig ist. Voraussetzung ist neben einem Antrag des Schwerbehinderten, dass ein Bescheid des Versorgungsamtes vorliegt, in dem festgestellt ist, dass eine Schwerbehinderung und möglicherweise weitere gesundheitlicher Voraussetzungen für die Inanspruchnahme von Nachteilsausgleichen vorliegen.

Der Ausweis dient dem Nachweis der Schwerbehinderung und damit der Inanspruchnahme der mit einer Schwerbehinderung verbundenen Nachteilsausgleiche und Rechte. Zwar kann dieser Nachweis auch mit dem Feststellungsbescheid geführt werden, jedoch sind in diesem im Gegensatz zum Ausweis auch nähere Angaben zu Ihrem Gesundheitszustand enthalten, die Dritten nicht zugänglich gemacht werden sollen.

Die Merkzeichen im Schwerbehindertenausweis

In den Schwerbehindertenausweis werden neben der Höhe des GdB auch die sogenannten »Merkzeichen« eingetragen. Es gibt außer den Rechten und Nachteilsausgleichen, die nur das Vorliegen der Schwerbehinderung voraussetzen, weitere Vergünstigungen, die zusätzlich zur Schwerbehinderung an das Vorliegen weiterer gesundheitlicher Voraussetzungen anknüpfen.

Diese weitergehenden Vergünstigungen können vom Schwerbehinderten aber nur dann in Anspruch genommen werden, wenn er nachweist, dass das Versorgungsamt bei ihm außer der Schwerbehinderung auch das Vorliegen der gesundheitlichen Voraussetzungen für diese Nachteilsausgleiche festgestellt hat. Dieser Nachweis erfolgt durch die Eintragung entsprechender »Merkzeichen« in den Schwerbehindertenausweis:

»G«:	Erhebliche Beeinträchtigung der Bewegungsfähigkeit im Straßenverkehr
»B«:	Notwendigkeit ständiger Begleitung
»aG«:	Außergewöhnliche Gehbehinderung
»RF«:	Befreiung von der Rundfunkgebührenpflicht
»H«:	Hilflosigkeit
»Bl«:	Blind
»Gl«:	Gehörlos

Sondermerkzeichen wie »1.Kl«, »Kriegsbeschädigt«, »VB«, »EB« sind nur für Personen vorgesehen, die Versorgungsleistungen nach dem sozialen Entschädigungsrecht oder dem Bundesentschädigungsgesetz erhalten.

Mit der Eintragung eines der genannten Merkzeichen können jeweils mehrere Nachteilsausgleiche verbunden sein, die in den folgenden Kapiteln besprochen werden.

Beachten Sie, dass Sie die zuletzt genannten Merkzeichen (1.Kl., »Kriegsbeschädigt«, »VB« und »EB« nicht ohne Weiteres beantragen können. Es handelt sich dabei um Sondermerkzeichen, die nur für Personen vorgesehen sind, die Versorgungsleistungen nach dem sozialen Entschädigungsrecht (u.a. Kriegsbeschädigte) oder dem Bundesentschädigungsgesetz (Verfolgte des NS Regimes) erhalten.

Wie lange ist ein Schwerbehindertenausweis gültig?

Im Gegensatz zu den Feststellungen im Bescheid wird die Gültigkeit des Schwerbehindertenausweises in der Regel befristet und zwar in der Regel auf fünf Jahre. Bei Kindern unter zehn Jahren ist der Ausweis bis längstens zum Ende des Kalendermonats zu befristen, in dem diese das 10. Lebensjahr vollenden, bei Kindern und Jugendlichen zwischen zehn und zwanzig Jahren bis längstens des Monats, in dem das 20. Lebensjahr vollendet wird.

Befristung

Aus dieser Befristung ergeben sich aber für den Schwerbehinderten keine Nachteile. Denn der Unterschied zwischen einer Befristung im Feststellungsbescheid und einer Befristung im Schwerbehindertenausweis liegt darin, dass bei einem Ablauf der Befristung des Schwerbehindertenausweises der Schwerbehinderte einen Rechtsanspruch auf Verlängerung des Ausweises hat. Ergeben sich für die Behörde im Zuge des Verfahrens zur Verlängerung des Ausweises Anzeichen für Veränderung des Gesundheitszustands, hat diese allenfalls die Möglichkeit, ein Nachprüfungsverfahren einleiten (vgl. S. 55), was sie aber grundsätzlich auch zu jedem anderen Zeitpunkt tun kann.

Neue Feststellung nach Ablauf des Bescheids

Im Rahmen eines solchen Verfahrens ist die Behörde jedoch für das Eintreten einer Verbesserung und damit für den Umstand, dass keine Schwerbehinderung mehr vorliegt, beweispflichtig. Ein solcher Nachweis ist oft aber nicht zu führen. Liegt hingegen eine Befristung der Feststellungen im Bescheid vor, muss nach deren Ablauf eine völlig neue Feststellung wie bei einer erstmaligen Zuerkennung über das Ausmaß der jetzt vorliegenden Behinderung erfolgen und der Antragsteller muss nachweisen, dass bei ihm eine Schwerbehinderung vorliegt.

TIPP

Maximal zweimalige Verlängerung des Ausweises

Ein Ausweis kann maximal zweimal verlängert werden. Danach wird ein neuer Ausweis ausgestellt.

Gestaltung des Ausweises

Der normale Ausweis ist grün. Ein Ausweis, mit dem eine Kostenbefreiung für den Personennahverkehr verbunden ist (das heißt, in den die Merkzeichen »G«, »aG«, »H«, »Bl« und »Gl« eingetragen sind) enthält einen halbseitigen orangefarbenen Flächenaufdruck. Wenn die berechtigten Personen dieses Recht auf unentgeltliche Beförderung in Anspruch nehmen wollen, muss der Ausweis ein Beiblatt mit einer Wertmarke enthalten, das auf Antrag vom Versorgungsamt ausgestellt wird und Bestandteil des Ausweises ist. Auf der Vorderseite des Ausweises finden sich die persönlichen Angaben des Schwerbehinderten sowie ein Lichtbild. Die Gültigkeitsdauer des Ausweises sowie der Grad der Behinderung und alle Merkzeichen außer »B« sind auf der Rückseite eingetragen.

Wann habe ich Anspruch auf unentgeltliche Beförderung im öffentlichen Personennahverkehr?

Schwerbehinderte mit den Merkzeichen »G«, »aG«, »H«, Gl« und »Bl.« sind im öffentlichen Personennahverkehr (in Bussen und Straßenbahnen, aber auch in S-Bahnen, Eilzügen innerhalb von Verkehrsverbünden in ganz Deutschland, in Schnell- und Interregiozügen – D- und IR-Züge – nur bis 50 km um den Wohnsitz oder Aufenthaltsort des Behinderten) unentgeltlich zu befördern (durch den Wegfall von D- und IR-Zügen beschränkt sich die Beförderung auf Regionalbahnen/Regional-Express-Züge, IC- und ICE-Züge dürfen nicht benutzt werden).

TIPP

Beim Versorgungsamt informieren

Welche Strecken Sie im Einzelnen jeweils nutzen dürfen, können sie dem sogenannten »Streckenverzeichnis« entnehmen, das Sie vom Versorgungsamt erhalten.

Merkzeichen »G«

Das wichtigste Merkzeichen, das zur unentgeltlichen Beförderung berechtigt ist das Merkzeichen »G«, bei dem es sich mit Abstand um das am häufigsten vergebene Merkzeichen handelt. Die Abkürzung »G« steht für »erhebliche Beeinträchtigung der Bewegungsfähigkeit im Straßenverkehr«.

Zu beachten ist, dass mit den Merkzeichen »G« eine Freifahrt im eigentlichen Sinne nicht möglich ist, da vor der Nutzung der »unentgeltlichen« Beförderung für jedes Jahr beim Versorgungsamt eine Wertmarke erworben werden muss. Diese kostet 60 Euro pro Jahr.

Welche Vergünstigungen noch mit »G« verbunden sind

Statt der Freifahrt im öffentlichen Personennahverkehr können Schwerbehinderte mit dem Merkzeichen »G«, die erheblich gehbehindert sind, auch wahlweise die Ermäßigung ihrer Kfz-Steuer um 50 Prozent in Anspruch nehmen. Allerdings darf dann kein Anderer das Fahrzeug allein benutzen.

Erheblich beeinträchtigt in seiner Bewegungsfähigkeit ist, wer infolge einer Einschränkung des Gehvermögens nicht ohne erhebliche Schwierigkeiten oder nicht ohne Gefahren für sich oder andere Wegstrecken zurückzulegen vermag, die üblicherweise noch zu Fuß zurückgelegt werden. Dabei ist als Wegstrecke, die man üblicherweise zu Fuß zurücklegt, eine Gehstrecke bis zu zwei Kilometern (nur im Ortsverkehr und den dortigen normalen Bedingungen) bei einer Gehdauer von etwa einer halben Stunde anzusehen. Maßgebend sind dabei die bundesweit ortsüblichen Verhältnisse (geebnete Gehflächen, üblicherweise geringe Steigungen im Siedlungsbereich) und nicht die Straßen- und Anbindungsverhältnisse im Einzelfall.

Wer bekommt das Merkzeichen »G«?

»G« erhalten alle Schwerbehinderten, die aus behinderungsbedingten Gründen nicht mehr in der Lage sind, zwei Kilometer innerhalb einer halben Stunde zurückzulegen. »G« verlangt damit nicht nur die tatsächliche Unmöglichkeit, eine solche Strecke zurückzulegen, sondern setzt voraus, dass dieses Unvermögen auf behinderungsbedingte Ursachen zurückzuführen ist.

BEISPIEL

B. ist als Schwerbehinderter mit einem GdB von 80 anerkannt. Er leidet u.a. an einer schweren Funktionsstörung der Lendenwirbelsäule (Einzel-GdB 30), einer schweren Kniegelenksarthrose (GdB 30) und einer Versteifung des linken oberen Sprungelenkes in günstiger Stellung (GdB 20). Sofern sich die Wirbelsäulenbeschwerden im wesentlichen auf die Gehfähigkeit auswirken, bestehen in diesem Fall keine Bedenken an der Zuerkennung von »G«.

In den Anhaltspunkten bzw. den gleichlauteten Versorgungsmedizinischen Grundsätzen sind beispielhaft verschiedene Behinderungen als Regelfälle genannt, bei denen stets davon ausgegangen wird, dass sie Ursache für eine vorliegende Einschränkung des Gehvermögens sind. Danach führen zunächst Funktionsstörungen der unteren Gliedmaßen und/oder der Wirbelsäule mit einem GdB von allein wenigstens 50 immer zur Zuerkennung von »G«, wenn sich diese Störungen auf die Gehfähigkeit auswirken.

Innere Leiden

Gleiches gilt für innere Leiden, die bereits ohne das Hinzutreten weiterer Erkrankungen zu einer erheblichen Beeinträchtigung der Gehfähigkeit führen. In diesem Zusammenhang sind vor allem schwere Herz- und Lungenschäden mit Beeinträchtigungen bereits bei alltäglich leichter Belastung zu nennen, die für sich alleine bereits einen GdB von mindestens 50 bedingen.

Auch hirnorganische Anfallsleiden mindestens mittlerer Häufigkeit und häufig auftretende Unterzuckerungsschocks bei einem Diabetes mellitus führen zur Zuerkennung von »G«. Gleiches gilt für schwere Störungen der Orientierungsfähigkeit, wie etwa erhebliche Seh- und Hörbehinderungen und hochgradige geistige Behinderungen.

BEISPIEL

Die Schwerbehinderte S. leidet u.a. an erheblichen Durchblutungsstörungen der Beine mit einer beschwerdefreien Gehstrecke von circa 400 Metern (Einzel-GdB 30) und an einer Herzerkrankung mit einer Leistungsbeeinträchtigung bereits bei forschem Gehen (Einzel-GdB 40). Da sich beide Leiden auf die Gehfähigkeit auswirken, bestehen hier gegen die Feststellung von »G« keine Bedenken.

Andere Leiden

Schwieriger zu entscheiden, ob die Voraussetzungen für »G« vorliegen, wird es dann, wenn andere als die bislang genannten Gesundheitsstörungen vorliegen. In diesen Fällen sind die bislang genannten Regelfälle als Vergleichsmaßstab heranzuziehen.

Besteht die Möglichkeit, eine Begleitperson unentgeltlich mitzunehmen?

Ja, diese Möglichkeit besteht dann, wenn das Merkzeichen »B« in den Ausweis eingetragen ist. »B« ist das zweithäufigste Merkzeichen und steht für »Ständige Begleitung im Personenverkehr«. Es berechtigt zur unentgeltlichen Beförderung einer Begleitperson im öffentlichen Nah- und auch im Fernverkehr.

Voraussetzungen

Das Merkzeichen »B« wird nur Schwerbehinderten eingeräumt, die selbst zur unentgeltlichen Beförderung im öffentlichen Nahverkehr berechtigt sind. Es kann also nur solchen Personen zustehen, die erheblich gehbehindert (Merkzeichen »G« und »aG«), hilflos (Merkzeichen »H«) oder gehörlos (Merkzeichen »Gl«) sind. Diese Personen müssen ständiger Begleitung bedürfen, das heißt, sie müssen zur Vermeidung von Gefahren für sich oder andere regelmäßig auf fremde Hilfe beim Ein- oder Aussteigen oder während der Fahrt angewiesen sein.

Nicht ausreichend ist hingegen, dass bei nicht erheblich gehbehinderten, hilflosen oder gehörlosen Personen aus anderen Gründen eine Begleitung erforderlich ist. Auch dazu ein Beispiel: Der schwerbehinderte T (GdB 60) leidet an einer ausgeprägten Platzangst. Er kann seine Wohnung nur verlassen, wenn er von Freunden oder Bekannten begleitet wird. Nur dann kann er auch öffentliche Verkehrsmittel benutzen. Auch wenn hier eine kostenlose Begleitung im Nahverkehr sicherlich sinnvoll erscheint, kann T. das Merkzeichen nicht erhalten, weil er angesichts seiner grundsätzlich erhaltenen Gehfähigkeit nicht erheblich gehbehindert ist.

BEISPIEL

Der Schwerbehinderte S. (GdB 60, Nachteilsausgleich »G«) leidet an einem erheblichen Lumbalsyndrom mit blitzartig, überraschend einschießenden Schmerzen in die Beine, an Greifstörungen der Hände sowie an ausgeprägten Schwindelerscheinungen aufgrund von Hirndurchblutungsstörungen. Ihm steht »B« zu, weil er angesichts der Schwindelanfälle und der Schmerzattacken ohne fremde Hilfe zu stürzen droht und sich infolge der Störungen an den Händen auch nicht ausreichend festhalten oder stützen könnte.

Stets anzunehmen sind die Vorraussetzungen für »B« im Übrigen bei Querschnittsgelähmten, sogenannten Ohnhändern und Blinden.

Keine Beschränkung auf den Nahverkehr

Beachten Sie, dass mit »B« keine Beschränkung auf den Nahverkehr verbunden ist. Es können also auch Verbindungen des Fernverkehrs und zum Teil sogar im Flugverkehr kostenlos genutzt werden. Es ist auch, anders als bei den Merkzeichen »G« und »Gl«, keine Selbstbeteiligung zu leisten.

TIPP

Begleitpersonen fliegen kostenlos
Begleitpersonen von schwerbehinderten Menschen mit dem Merkzeichen »B« fliegen bei den deutschen Fluggesellschaften (z. B. Lufthansa, Deutsche BA) im innerdeutschen Luftverkehr kostenlos.

Wer darf auf Behindertenparkplätzen und auf nicht erlaubten Flächen parken?

Die Eintragung des Merkzeichens »aG« erlaubt dem Schwerbehinderten auf den mit Rollstuhlsymbol markierten Behindertenparkplätzen zu parken. Außerdem ist mit diesem Merkzeichen eine Befreiung von Beschränkungen des Haltens und Parkens im Straßenverkehr verbunden. So ist mit »aG« auch das Parken im eingeschränkten Halteverbot, im Zonenhalteverbot und in verkehrsberuhigten Bereichen außerhalb der markierten Parkflächen zulässig. Es ist nicht erforderlich, dass der Behinderte das Fahrzeug selbst führt. Vielmehr können beim Transport des Behinderten auch Dritte das Fahrzeug führen.

TIPP

Sonderausweis für Behindertenparkplatz
Wenn Sie auf den Behindertenparkplätzen parken wollen, benötigen Sie einen entsprechenden Sonderausweis mit dem Rollstuhlsymbol für Ihren Pkw. Dieser wird nach Vorlage des Schwerbehindertenausweises mit dem Merkzeichen »aG« vom Straßenverkehrsamt ausgegeben und ist in Form des seit 2001 ausgegebenen europäischen Parkausweises in allen Mitgliedsstaaten der Europäischen Union gültig.

Welche weiteren Vergünstigungen

»aG« bringt außerdem die völlige Befreiung von der Kfz-Steuer mit sich. Gleichzeitig besteht die Möglichkeit der unentgeltlichen Beförderung (gegen Wertmarke) im öffentlichen Personennahverkehr. Schließlich können mit »aG« die Kosten des Kraftfahrzeugs steuerlich als außergewöhnliche Belastungen geltend gemacht werden.

Wofür steht »aG«?

Das Merkzeichen »aG« steht für »außergewöhnliche Gehbehinderung«. Als schwerbehinderte Menschen mit außergewöhnlicher Gehbehinderung sind solche Personen anzusehen, die sich wegen der Schwere ihres Leidens dauernd nur mit fremder Hilfe oder nur mit großer Anstrengung außerhalb ihres Kraftfahrzeugs bewegen können. »aG« können nur solche Personen erhalten, bei denen schwerste Einschränkungen des Gehvermögens vorliegen.

In den Versorgungsmedizinischen Grundsätzen sind bestimmte Personengruppen genannt, bei denen eine solche schwerste Einschränkung immer anzunehmen ist. Dies sind etwa Querschnittsgelähmte, Doppelober- und Unterschenkelamputierte, Personen, bei denen der Oberschenkel im Hüftgelenk amputiert wurde, und Oberschenkelamputierte mit zusätzlichen Einschränkungen des Gehvermögens. Sie sehen aus dieser Aufzählung, dass wirklich schwerste Gehbehinderungen vorliegen müssen.

Personen, die nicht dem genannten Personenkreis angehören, können »aG« nur erhalten, wenn sie unter Erkrankungen leiden, die in ihren Auswirkungen hinsichtlich des Gehvermögens als so schwer anzusehen sind, dass sie den genannten Personen gleichzustellen sind.

Ist es schwer, das Merkzeichen »aG« zu erhalten?

Ja, sofern Sie nicht etwa querschnittsgelähmt oder doppelbeinamputiert sind, ist es sehr schwer, die Eintragung von »aG« in den Schwerbehindertenausweis zu erreichen. Denn von der Vergabe dieser Vergünstigung wird nur sehr zurückhaltend Gebrauch gemacht. Dies hat seinen Grund vor allem darin, dass nur eine beschränkte Anzahl von Behindertenparkplätzen verfügbar ist und diese Parkplätze auch nicht beliebig zu vermehren sind.

Voraussetzungen

Daher werden an die Gleichstellung mit den in den Anhaltspunkten bzw. Versorgungsmedizinischen Grundsätzen ausdrücklich Gehbehinderten wie etwa Querschnittsgelähmten oder Doppelbeinamputierten strenge Anforderungen gestellt. Nach der Rechtsprechung des Bundessozialgerichts kommt eine Gleichstellung nur in Betracht, wenn die Gehfähigkeit des Behinderten in ungewöhnlich hohem Maße eingeschränkt ist und wenn er sich nur unter ähnlich großen Schwierigkeiten wie die ausdrücklich genannten Gelähmten oder Amputierten fortbewegen kann.

Für die Frage der Gleichstellung ist beim Restgehvermögen des Betroffenen anzusetzen. Als Faustregel wird man bei einer Einschränkung der zumutbaren Gehstrecke auf 50 bis unter 100 Meter »aG« tendenziell eher bejahen können, wobei es nach der

Rechtsprechung entscheidend vor allem aber auch auf die Art und das Ausmaß der jeweils erforderlichen Pausen ankommt.

Eine außergewöhnliche Einschränkung der Gehfähigkeit kann auch bei bestimmten inneren Erkrankungen, z.B. schweren Herz- und Lungenerkrankungen, vorliegen, wenn z.B. nach einigen Metern hochgradige Luftnot eintritt.

Beachten Sie, dass es für »aG« nur auf eine Einschränkung des Gehvermögens ankommt und nicht etwa darauf, ob die Sonder-Parkerlaubnis auch aus anderen Gründen sinnvoll wäre, z.B. weil ein Behinderter nur auf Parkplätzen mit Rollstuhlsymbol genügend Platz zum Ein- und Aussteigen hätte.

BEISPIEL

S. leidet an schweren arteriellen Durchblutungsstörungen mit einem GdB von 80. Die schmerzfreie Gehstrecke liegt unter 30 Metern. Nach dieser Strecke muss er längere Zeit pausieren, bis seine Beine wieder ausreichend durchblutet werden und die Schmerzen nachlassen. Ihm ist aG« zuzusprechen, weil ihm nur noch ganz kurze Wege zu Behörden oder Ärzten zu Fuß zugemutet werden können.

Dazu ein Beispiel:

T. (GdB 80) leidet u.a. an einer extremen Versteifung seines linken Beines. Er kann mit Hilfe einer Gehhilfe aber noch mehrere hundert Meter zurück legen. Er ist allerdings für das Ein- und Aussteigen darauf angewiesen, dass die Fahrertür ganz geöffnet werden kann. Dies ist ihm auf allgemeinen Parkplätzen oft nicht möglich. Auch wenn »aG« daher für T. der Sache nach sinnvoll wäre, erhält er dieses Merkzeichen nicht, da seine Gehfähigkeit – auf die allein abzustellen ist – nicht »auf das Schwerste« beeinträchtigt ist.

Wann erhalte ich eine Befreiung von der Rundfunkgebührenpflicht?

Für die Befreiung von der Rundfunkgebührenpflicht ist das Merkzeichen »RF« erforderlich. »RF« setzt voraus, dass behinderungsbedingt eine Teilnahme an öffentlichen Veranstaltungen nicht mehr möglich ist. »RF« soll für dieses Defizit einen Ausgleich schaffen, in dem ein erleichterter Zugang zu Rundfunk und Fernsehen eröffnet wird. Die Feststellung von »RF« führt daher zu einer Befreiung von der Rundfunkgebührenpflicht. Überdies sind damit auch Gebührenermäßigungen im Fernsprechdienst der Deutschen Telekom verbunden.

Berechtigter Personenkreis

Anspruch auf »RF« haben zunächst Blinde oder stark Sehbehinderte mit einem GdB von wenigstens 60 (allein schon aufgrund der Sehbehinderung) und Hörgeschädigte mit einem GdB von wenigstens 50 wegen der Hörbehinderung. Darüber hinaus erhalten »RF« schwerbehinderte Menschen mit einem GdB von mindestens 80, die wegen ihres Leidens an öffentlichen Veranstaltungen ständig nicht teilnehmen können.

Öffentliche Veranstaltungen sind allgemein zugängliche Ereignisse in geschlossenen Räumen und im Freien. Dazu zählen Kino, Theater, Konzert, Kirche, Sport, Feste, Wahlveranstaltungen u.ä.

Der Anspruch auf »RF« ist ausgeschlossen, wenn jedenfalls noch an einem nennenswerten Teil öffentlicher Veranstaltungen (Dauer in der Regel 90 bis 120 Minuten) teilgenommen werden kann, auch wenn dies nur unter gewissen Schwierigkeiten möglich ist. Die Notwendigkeit einer Begleitperson ist ebenso wenig ein entscheidendes Kriterium wie der Zwang, einen Rollstuhl benutzen zu müssen. Der Anspruch ist auch dann ausgeschlossen, wenn nur noch eine bestimmte Art von Veranstaltungen in Betracht kommt. Da auch die Sozialgerichte hinsichtlich »RF« sehr restriktiv entscheiden, wird »RF« nur zugesprochen, wenn der Schwerbehinderte praktisch an das Haus gebunden ist.

»RF« wird aber nicht gewährt, damit empfindsame Behinderte, die andere mit ihrer Behinderung nicht (vermeintlich) belästigen wollen, die Öffentlichkeit meiden können. Denn der Öffentlichkeit ist ein recht hohes Maß an behinderungsbedingten Auffälligkeiten zuzumuten.

BEISPIEL

Die 90-jährige schwerbehinderte S. hat ein ausgeprägtes Herzleiden (GdB 90 wegen Atemnot bereits im Ruhezustand). Sie vermag das Haus kaum noch zu verlassen und ist überwiegend bettlägerig. Sie hat Anspruch auf »RF«.

Dazu ein Beispiel:

S. leidet u.a. an einer hochgradigen Gehstörung und einer Harninkontinenz (Gesamt-GdB 80). Er kann die Wohnung nur mit Begleitung verlassen und benötigt Windelhosen. Er meint, andere Personen würden durch Uringeruch belästigt. »RF« kommt nicht in Betracht, da es S. grundsätzlich zuzumuten ist, Windelhosen zu tragen, die eine Geruchsbelästigung für mehrere Stunden verhindern.

Wer hat Anspruch auf »H« und welche Vorteile sind damit verbunden?

Der Nachteilsausgleich »H« (»Hilflosigkeit«) berechtigt vor allem zur unentgeltlichen Beförderung im öffentlichen Nahverkehr ohne Eigenbeteiligung und gleichzeitig zur völligen Kfz-Steuerbefreiung. Außerdem berechtigt es den Behinderten selbst oder die Eltern eines behinderten Kindes zur Inanspruchnahme eines erhöhten Behinderten-Pauschbetrags bei der Lohn- und Einkommensteuer (3.700 Euro jährlich) und zur Geltendmachung eines Pflege-Pauschbetrags von 924 Euro für die Pflege eines sonstigen Hilflosen.

Berechtigter Personenkreis

Hilflos ist ein Behinderter, wenn er für eine Reihe von häufig und regelmäßig wiederkehrenden Verrichtungen zur Sicherung seiner persönlichen Existenz im Ablauf eines jeden Tages fremder Hilfe dauernd bedarf. Maßgeblich sind dabei nur Hilfeleistungen, die den höchstpersönlichen Lebensbereich betreffen, also Essen und Trinken (Füttern, Anreichen), An- und Ausziehen, Aufstehen, Zubettgehen, Notdurft, Waschen und Hygiene, notwendige Bewegung innerhalb und außerhalb der Wohnung, geistige Anregung und Kommunikation (z.B. Vorlesen). Anders als in der gesetzlichen Pflegeversicherung zählen dazu aber gerade nicht hauswirtschaftliche Verrichtungen wie etwa das Zubereiten von Mahlzeiten, Spülen, Putzen, Einkaufen usw.

Es muss sich um mindestens drei verschiedene Verrichtungen handeln. Ausnahmsweise kann Hilflosigkeit bereits dann angenommen werden, wenn der Pflegebedarf täglich unter 120 Minuten liegt, aber mindestens 60 Minuten beträgt. Regelmäßig ist aber Hilflosigkeit erst gegeben, wenn der Umfang für die Hilfeverrichtungen mindestens 120 Minuten täglich beträgt.

Dazu ein Beispiel:

Der Schwerbehinderte S. (GdB 100) ist teilweise gelähmt. Selber kochen kann er nicht mehr, auch nicht mehr einkaufen und die Wohnung sauber halten. Das Essen muss ihm zerkleinert werden. Beim Baden braucht er Hilfe, nicht aber bei der Notdurft. Waschen und Kämmen kann er ebenso wie An- und Ausziehen noch selbst. Für alle Hilfsleistungen zusammen wird der Bedarf auf etwa 90 Minuten geschätzt, davon circa 40 Minuten für hauswirtschaftliche Verrichtungen. Damit liegen die Voraussetzungen für »H« nicht vor, weil die hauswirtschaftlichen Tätigkeiten nicht berücksichtigt werden und der verbleibende Rest der höchstpersönlichen Hilfeleistungen unter einer Stunde täglich liegt.

Bei Blinden und hochgradig Sehbehinderten, Querschnittsgelähmten und sonstigen, ständig auf einen Rollstuhl angewiesenen Personen, Hirnbeschädigten und geistig Behinderten mit einem Einzel-GdB von 100 allein für diese Leiden und den meisten Mehrfachamputierten ist Hilflosigkeit stets ohne nähere Prüfung anzunehmen. Und wenn sich aus einem Pflegegutachten der gesetzlichen Pflegeversicherung ein Pflegebedarf von mindestens 120 Minuten am Tag im Bereich der sogenannten Grundpflege ergibt, liegen die Voraussetzungen für »H« fast immer vor.

Welche Besonderheiten gibt es bei der Vergabe des Merkzeichens »H« an Kinder und Jugendliche?

Bereits bei der Feststellung der Schwerbehinderung gelten bei Kindern und Jugendlichen dieselben Kriterien wie bei Erwachsenen. Das heißt, es kann vom Vorliegen einer Behinderung nur gesprochen werden, wenn es sich um eine Einschränkung handelt, die nicht oder nicht in erster Linie auf das Alter zurückzuführen ist.

BEISPIEL

Ein Kleinkind leidet an einer angeborenen Wachstumsstörung. Dieser Zustand wirkt sich aber erst aus, wenn das Kind in seiner Körpergröße deutlich hinter Gleichaltrigen zurückbleibt und z.B. in der Gemeinschaft mit anderen Kindern gemeinsames Spielzeug nicht benutzen kann. Erst dann kann von einer Behinderung gesprochen werden. Anders ist es aber etwa dann, wenn das Kind wegen einer weiteren Erkrankung in der Nahrungsaufnahme beeinträchtigt ist. Dann kommt es auf das geringe Lebensalter nicht an.

Dies gilt im Prinzip auch für die Feststellung von Merkzeichen. Auch diese können bei Kindern nur gewährt werden, wenn Beeinträchtigungen vorliegen, die über das altersnormale Maß hinausgehen. Leidet z.B. ein Kleinkind an einem Hirnschaden, der sich auf die Orientierungsfähigkeit auswirkt, ist zu berücksichtigen, dass kleinere Kinder üblicherweise außerhalb des Hauses in ihrer Orientierungsfähigkeit generell eingeschränkt sind und regelmäßig auf die Fürsorge anderer angewiesen sind. Die Beeinträchtigung in der Teilhabe am gesellschaftlichen Leben ist also um so eher zu bejahen, je älter das Kind wird.

Besonderheiten

Zu beachten ist allerdings, dass bei Kindern und Jugendlichen hinsichtlich des Merkzeichens »H« gewisse Besonderheiten gelten. So wird bei Vorliegen bestimmter Behinderungen dieses Merkzeichen bei Kindern und Jugendlichen automatisch für ein gewisses Alter gewährt, ohne dass noch im Einzelfall geprüft wird, ob und in welchem Umfang das Kind bei regelmäßig wiederkehrenden Verrichtungen des alltäglichen Lebens (vgl. S. 67 f.) tatsächlich fremder Hilfe bedarf. So erhalten Kinder z.B. bei Vorliegen einer schweren Lippen-Kiefer-Gaumenspalte immer bis zum 5. Lebensjahr das Merkzeichen »H«. Bis zum Abschluss des 16. Lebensjahres erhalten dieses Merkzeichen z.B. Kinder mit Bronchialasthma schweren Grades, bei Herzschäden mit schwerer Leistungsbeeinträchtigung oder bei einer Behandlung mittels einer künstlichen Niere. Gleiches gilt auch für Kinder mit insulinpflichtigem Diabetes mellitus. Letztere erhalten das Merkzeichen »H« automatisch bis zum Abschluss des 16. Lebensjahres und das sogar dann, wenn die Diabetis bei ihnen überhaupt nicht zu einem Grad der Behinderung von 50 führt.

Allerdings erhalten diese Kinder keinen Schwerbehindertenausweis. Dies führt dazu, dass sie nur die steuerlichen Vergünstigungen beim Finanzamt (vgl. S. 86 ff.), aber nicht die sonst mit »H« verbundene unentgeltliche Beförderung im öffentlichen Personennahverkehr in Anspruch nehmen können.

Gibt es besondere Merkzeichen für blinde und gehörlose Menschen?

Ja diese Personen haben Anspruch auf die Merkzeichen »Bl« bzw. »Gl«

Merzkeichen »Gl«

Um ein relativ neues, erst 2001 eingeführtes Merkzeichen, handelt es sich bei »Gl«. Dieses Merkzeichen steht gehörlosen Menschen zu. »Gl« erhalten nicht nur auf beiden Ohren taube Personen, sondern auch Hörbehinderte mit einer an Taubheit grenzenden Schwerhörigkeit beiderseits, wenn daneben schwere Sprachstörungen (schwer verständliche Lautsprache, geringer Sprachschatz) vorliegen. Das sind in der Regel Hörbehinderte, bei denen die an Taubheit grenzende Schwerhörigkeit angeboren oder in der Kindheit erworben worden ist.

»Gl« dient der Verhinderung der gesellschaftlichen Isolierung dieses Personenkreises. Das Merkzeichen berechtigt (wie das Merkzeichen »G«) nach Erwerb des Merkzeichens zur unentgeltlichen Beförderung im öffentlichen Personennahverkehr.

TIPP

Anspruch auf Merkzeichen »RF«
Gehörlose Menschen mit »Gl« haben überdies automatisch auch einen Anspruch auf das Merkzeichen

»RF« und damit auf Befreiung von der Rundfunkgebührenpflicht.

Merkzeichen »Bl«

Das Merkzeichen »Bl« erhalten blinde Personen. Neben den Personen, denen das Augenlicht völlig fehlt, gelten auch diejenigen als blind, deren Sehschärfe so gering ist, dass sie sich in unvertrauter Umgebung ohne fremde Hilfe nicht zurechtfinden. Dies ist der Fall, wenn die Sehschärfe nicht mehr als 1/50 beträgt oder ähnlich schwere Störungen wie z.B. eine massive Einengung des Gesichtsfeldes vorliegen.

Hochgradig Sehbehinderte, die noch nicht dem Personenkreis von »Bl« zugerechnet werden können, erfüllen eventuell zumindest die Voraussetzungen für das Merkzeichen »H«.

Den Blinden stehen zunächst alle mit dem Merkzeichen »H« verbundenen Nachteilsausgleiche zu, also erhöhte Einkommensteuer-Pauschbeträge und die Befreiung von der Kfz-Steuer. Außerdem sind mit »Bl« die Befreiung von der Rundfunkgebührenpflicht, Parkerleichterungen und zahlreiche andere Vergünstigungen (z.B. Umsatzsteuerbefreiungen, Portofreiheit für Blindensendungen, kostenlose Rentenzahlung in die Wohnung, Platzreservierung und unentgeltliche Beförderung für sich, Begleitpersonen und Blindenhunde) verbunden.

TIPP

Anspruch auf Blindengeld
Blinde mit »Bl« haben in den meisten Bundesländern auch Anspruch auf Blindengeld nach den jeweiligen Landesblindengeldgesetzen. Dieses beträgt etwa in Nordrhein-Westfalen zur Zeit 585 Euro im Monat.

Was verbirgt sich hinter den Merkzeichen »Kriegsbeschädigt«, »VB«, »EB« und »1 Kl.«?

Außer den bislang genannten Merkzeichen, die bei Vorliegen der jeweils beschriebenen gesundheitlichen Einschränkungen jeder Schwerbehinderte erhält, gibt es noch weitere Merkzeichen, die nur bei bestimmten Schwerbehinderten eingetragen werden können, die einen Anspruch nach dem sozialen Entschädigungsrecht haben (vgl. dazu S. 155). Diese Merkzeichen werden, anders als die übrigen Merkzeichen mit Ausnahme von »B«, auf der Vorderseite des Schwerbehindertenausweises eingetragen.

Merkzeichen »VB« und »Kriegsbeschädigt«

Das Merkzeichen »VB« erhalten schwerbehinderte Menschen, die Anspruch nach Gesetzen in entsprechender Anwendung des Bundesversogungsgesetzes (das heißt vor allem dem Soldatenversorgungsgesetz und dem Opferentschädigungsgesetz) nach einer Minderung der Erwerbsfähigkeit (MdE, seit Anfang 2008: Grad der Schädigungsfolge – GdS) von mindestens 50 haben. Das Merkzeichen »Kriegsbeschädigt« erhalten Schwerbehinderte, die Leistungen nach dem Bundesversorgungsgesetz nach einer MdE von mindestens 50 erhalten (also vor allem Soldaten und andere Geschädigte des Zweiten Weltkrieges). Personen mit dem Eintrag »Kriegsbeschädigt« oder »VB« haben Anspruch auf unentgeltliche Beförderung im öffentlichen Personennahverkehr, wenn sie bereits am 1.10.1979 freifahrtberechtigt waren und ihre MdE heute noch mindestens 70 beträgt.

Merkzeichen »EB«

Das Merkzeichen »EB« wird im Schwerbehindertenausweis eingetragen, wenn der Schwerbehinderte Leistungen wegen einer Minderung der Erwerbsfähigkeit (MdE) in Höhe von mindestens 50 nach dem Bundesentschädigungsgesetz erhält (nach dem Opfer der nationalsozialistischen Verfolgung entschädigt werden). Personen mit »EB« haben unter den gleichen Voraussetzungen wie Personen mit den Merkzeichen »Kriegsbeschädigt« oder »VB« Anspruch auf unentgeltliche Beförderung im öffentlichen Personennahverkehr.

Merkzeichen »1Kl«

Schwerkriegsbeschädigte (»Kriegsbeschädigt«) und NS-Verfolgte (»EB«) mit einer Mindest-MdE von jeweils 70, deren körperlicher Zustand die Unterbringung in der 1. Klasse bei Eisenbahnfahrten erfordert, erhalten das Merkzeichen »1Kl«, mit dem die Benutzung der 1. Klasse mit einem Fahrschein der 2. Klasse gestattet wird. Die Voraussetzungen sind stets erfüllt, wenn dem Betroffenen eine Pflegezulage mindestens der Stufe IV zusteht, sowie bei Kriegsblinden, Ohnhändern und Querschnittsgelähmten.

Der Personenkreis, der die mit diesen Merkzeichen verbundene Vergünstigungen in Anspruch nehmen kann, wird – knapp 65 Jahre nach Kriegs- und Verfolgungsende – wegen Zeitablaufs immer geringer. Gleiches gilt auch für die Merkzeichen »Kriegsbeschädigt« und »EB«.

Kapitel 4
Rechte schwerbehinderter Menschen im Arbeitsleben

Auch wenn der überwiegende Teil der Schwerbehinderten dem Arbeitsmarkt bereits aus Altersgründen nicht mehr zur Verfügung steht, liegt nach wie vor ein wesentlicher Aspekt des Schwerbehindertenrechts in der beruflichen Eingliederung des betroffenen Personenkreises. Alle in diesem Zusammenhang bestehenden gesetzlichen Regelungen bezwecken die Erlangung eines Arbeitsplatzes oder die Sicherung eines bereits bestehenden Arbeitsplatzes. Hilfen kommen dabei sowohl für Schwerbehinderte, als auch für Arbeitgeber, die Schwerbehinderte beschäftigen, in Betracht.

Die wesentlichen Regelungen werden in diesem Kapitel angesprochen. Alle im Einzelnen zu erläutern, würde indes den Rahmen dieses Ratgebers sprengen.

Haben auch behinderte Menschen die Rechte für Schwerbehinderte im Arbeitsleben?

Besondere Bedeutung hat die Gleichstellung behinderter Menschen mit einem GdB von 30 oder 40 mit Schwerbehinderten. Dieser Personenkreis wird seit jeher in den schwerbehindertenrechtlichen Schutz, soweit es um das Arbeits- und Berufsleben geht, einbezogen, und zwar dann, wenn sich diese Behinderten auf dem Arbeitsmarkt nicht behaupten und durchsetzen können. Wer einen gesicherten Arbeitsplatz hat, ist demgegenüber nicht schutzbedürftig. Erst wenn konkret zu befürchten ist, dass der Behinderte seinen Arbeitsplatz infolge seiner Behinderung nicht behalten kann oder wenn er sonst keinen geeigneten Arbeitsplatz erlangen kann, soll er dem Schwerbehinderten gleichgestellt werden.

TIPP

Gleichstellung beantragen

Das Gleichstellungsverfahren wird nicht von den Versorgungsämtern, sondern von der Bundesagentur für Arbeit durchgeführt. Die Gleichstellung erfolgt nur auf ausdrücklichen Antrag des Behinderten.

Behinderungsbedingte Arbeitsplatzgefährdung

Eine behinderungsbedingte Gefährdung des Arbeitsplatzes liegt vor, wenn der Arbeitgeber dem Behinderten eröffnet, wegen der zahlreichen Krankheitstage, die mit seiner Behinderung verbunden seien, müsse er ihm auf kurz oder lang kündigen. Auch wenn ein Arbeitnehmer befürchten muss, an einem nicht seiner Behinderung entsprechenden Arbeitsplatz eingesetzt und bei Verweigerung gekündigt zu werden, wird man von einer Gefährdung ausgehen können. Ebenso kann eine verringerte Arbeitsleistung als Folge der Behinderung zu einer Gefährdung des Arbeitsplatzes führen.

Anhörung des Arbeitgebers

Ob sich eine Erkrankung allerdings überhaupt auf die Arbeitsleistung auswirkt, kann gegebenenfalls erst nach Anhörung des Arbeitgebers oder eines Arbeitsmediziners beurteilt werden. Auch wenn der Behinderte im Vergleich mit Nichtbehinderten nur schwer vermittelbar ist und er sich in einer ungünstigen Konkurrenzsituation am Arbeitsplatz und auf dem Arbeitsmarkt befindet, kommt eine Gleichstellung in Betracht.

Gleichgestellte erhalten die meisten, aber nicht alle Vergünstigungen wie Schwerbehinderte. So haben sie insbesondere keinen Anspruch auf Zusatzurlaub. Sie fallen jedoch ebenso wie Schwerbehinderte unter den besonderen Kündigungsschutz.

TIPP

Sonderkündigungsschutz

Bei beantragter Anerkennung als Schwerbehinderter oder bei beantragter Gleichstellung greift der Sonderkündigungsschutz nach neuerer Rechtsprechung grundsätzlich nur noch dann ein, wenn der Arbeitnehmer die Feststellung der Schwerbehinderung bzw. die Gleichstellung mindestens drei Wochen vor Ausspruch der Kündigung beantragt hat.

Gegen wen richten sich die Ansprüche des Schwerbehinderten?

Besondere Bedeutung bei der Integration schwerbehinderter Menschen in Bezug auf Arbeit und Beruf haben die Bundesagentur für Arbeit und das Integrationsamt.

Bundesagentur für Arbeit

Die Bundesagentur für Arbeit (früheres »Arbeitsamt«) ist nicht nur für die Entscheidung über die Gleichstellung behinderter Menschen mit Schwerbehinderten zuständig (siehe S. 86). Vielmehr sind ihr u.a. auch die Berufsberatung und die Vermittlung schwerbehinderter Menschen, die Beratung der Arbeitgeber bei der Einstellung und Beschäftigung Schwerbehinderter (auch im Zusammenhang mit in Betracht kommenden Fördermöglichkeiten), die Bewilligung von Eingliederungszuschüssen für beruflich besonders betroffene Schwerbehinderte, die besondere Förderung schwerbehinderter Personen im Rahmen von Arbeitsbeschaffungsmaßnahmen und die Überwachung der Verpflichtung zur Beschäftigung Schwerbehinderter zugewiesen.

Integrationsamt

Neben der Bundesagentur kommt dem Integrationsamt (genauer gesagt, dem »Amt für die Sicherung der Integration schwerbehinderter Menschen im Arbeitsleben«) eine wesentliche Bedeutung für den Schwerbehindertenschutz zu. Denn es gewährt Schwerbehinderten und anderen am Arbeitsleben Beteiligten, etwa den Arbeitgebern, die sogenannte »begleitende Hilfen im Arbeitsleben«. Dabei kommen für den Schwerbehinderten z.B. technische Arbeitshilfen, Fahrzeuge, behindertengerechte Ausstattung der Wohnung und Fortbildungsmaßnahmen in Betracht. Arbeitgebern können z.B. Zuschüsse zur behinderungsgerechten Einrichtung von Arbeitsplätzen oder für außergewöhnliche Belastungen im Zusammenhang mit der Beschäftigung besonders schwer betroffener Schwerbehinderter gewährt werden.

Darüber hinaus hat das Integrationsamt eine wichtige Funktion bei einer Kündigung des Arbeitsverhältnisses, da es zu entscheiden hat, ob es der Kündigung eines schwerbehinderten Arbeitnehmers durch den Arbeitgeber vor Ausspruch der Kündigung zustimmt (siehe S. 104). Ohne diese Zustimmung wird eine Arbeitgeberkündigung nicht wirksam.

Rehabilitationsträger

Neben dem Integrationsamt und der Bundesagentur haben vor allem noch Rentenversicherungs- und Unfallversicherungsträger als Rehabilitationsträger Bedeutung bei der Sicherung der Integration Schwerbehinderter in das Arbeitsleben. Allerdings kommen deren Leistungen nicht speziell Schwerbehinderten zu Gute, sondern allen Behinderten, ferner Personen, die nur von einer Behinderung bedroht sind (vgl. dazu S. 142 ff.).

Berufsausbildung – welche Ansprüche bestehen?

Im Zusammenhang mit der Berufsausbildung gibt es zahlreiche Hilfen, die in erster Linie von der Arbeitsagentur und dem Integrationsamt geleistet werden.

Beratung und Vermittlung

Zunächst haben schwerbehinderte Jugendliche und Erwachsene Anspruch auf umfassende Beratung und Vermittlung durch Arbeitsagentur hinsichtlich der Berufswahl und möglichen in Betracht kommenden Arbeitgebern. Bei der Bundesagentur gibt es eine besondere Vermittlungsstelle für schwerbehinderte Menschen (»Reha-Team«). Für die Vermittlung kann von der Bundesagentur auch ein Integrationsfachdienst eingeschaltet werden. Dabei handelt es sich um psychosoziale und berufsbegleitende Dienste Dritter, die im Auftrag der Bundesagentur und vor allem auch der Integrationsämter tätig werden und zwar nicht nur bei der Vermittlung, sondern auch bei der berufsbegleitenden Betreuung schwerbehinderter Personen.

Hilfen zur Ausbildung

Die Durchführung einer betrieblichen Ausbildung eines Schwerbehinderten kann vor allem auch durch umfangreiche Fördermaßnahmen an den Arbeitgeber unterstützt werden. So können Arbeitgeber Zuschüsse zur Ausbildungsvergütung (bis hin zur vollen Übernahme der Ausbildungskosten) erhalten, wenn die Aus- oder Weiterbildung sonst aus behinderungsbedingten Gründen nicht möglich ist. Außerdem können Arbeitgeber auch zu den sonstigen Kosten, die bei der Berufsausbildung entstehen, einen Zuschuss erhalten, etwa für Investitionen zur Schaffung eines behinderungsgerechten Ausbildungsplatzes oder für die Personalkosten eines Ausbilders. Auch die Zahlung einer besonderen Prämie für Arbeitgeber, die einen zusätzlichen Ausbildungsplatz für einen schwerbehinderten Jugendlichen einrichten, ist möglich.

Betreuung während der Ausbildung

Darüber hinaus besteht ein Anspruch auf engmaschige Betreuung und Begleitung auch während der Ausbildung, der vor allem durch die Integrationsfachdienste abgedeckt wird.

TIPP

Förderung behinderter Menschen ohne Berufsausbildung

Für behinderte Menschen ohne Berufsausbildung, die ohne diese Förderung eine Ausbildung nicht beginnen, fortsetzen oder beendigen können, besteht überdies die Möglichkeit, in bestimmten, hierfür vorgesehenen Einrichtungen (z.B. den Berufsbildungswerken) nach vorheriger Berufsfindung eine Ausbildung in einem anerkannten Ausbildungsberuf zu erhalten. Dies gilt etwa dann, wenn aufgrund der Behinderung ein besonderer Betreuungs- und Hilfebedarf besteht, der im Rahmen einer normalen betrieblichen Ausbildung nicht befriedigt werden kann.

Gibt es Prüfungs- und Ausbildungserleichterungen für Schwerbehinderte?

Ja, für Schwerbehinderte sind auch bei der Ablegung von Prüfungen eine Reihe von Vergünstigungen vorgesehen. So gilt für die Durchführung von Handwerks-, Gesellen- und Meisterprüfungen, dass dabei die besonderen Belange der körperlich, geistig und seelisch behinderten Menschen Berücksichtigung finden müssen.

Ausgleich behinderungsbedingter Nachteile

Bei der Durchführung von Prüfungen ist der Ausgleich von behinderungsbedingten Nachteilen vorgesehen, etwa durch Abhaltung von Einzel-, statt von Gruppenprüfungen, Abwandlung der Prüfungsaufgaben und die Zulassung spezieller Hilfsmittel. Hier kommen z.B. die Zulassung eines PC's oder eines Diktiergeräts bei schreibmotorischen Defiziten, die Einschaltung eines Gebärdendolmetschers oder auch die Hinzuziehung einer Vertrauensperson des Schwerbehinderten in Betracht.

Es besteht auch die Möglichkeit, für Schwerbehinderte die sachliche und zeitliche Dauer der abweichend vom normalerweise vorgesehenen Ausbildungsgang zu regeln.

Schließlich können auch die Prüfungsvoraussetzungen abweichend geregelt werden. So können Schwerbehinderte etwa auch dann zu einer Abschlussprüfung zugelassen werden, wenn bestimmte Zwischenprüfungen nicht abgelegt wurden.

Vergünstigungen gibt es für Schwerbehinderte auch bei Hochschulprüfungen. So können sie eine verlängerte Bearbeitungszeit erhalten und außerdem eine Prüfungsleistung auch in anderer Form erbringen, etwa als mündliche Prüfung anstelle einer eigentlich vorgesehenen schriftlichen Prüfung.

In jedem Fall muss das Vorliegen einer behinderungsbedingten Einschränkung rechtzeitig vor Ablegung der Prüfung, jedoch spätestens mit der Meldung angezeigt werden, damit der zuständige Prüfungsausschuss ausreichend Gelegenheit erhält, entsprechende Ausgleichsmaßnahmen zu beschließen und Geräte zu stellen. Es ist auch zu berücksichtigen, dass gegebenenfalls noch Ermittlungen erforderlich sein können, um das tatsächliche Ausmaß der Prüfungseinschränkung und die Art der in Betracht kommenden Erleichterungen zu bestimmen.

Verlängerung der BAföG Höchstförderdauer

Um eine weitere Ausbildungs- bzw. Prüfungserleichterung handelt es sich bei der für Behinderte vorgesehenen Möglichkeit, die Höchstförderdauer nach dem Bundesausbildungsförderungsgesetz (BAföG) – die grundsätzlich der jeweiligen Regelausbildungszeit entspricht – für eine angemessene Zeit zu verlängern, wenn diese wegen der Behinderung überschritten wird. Es kann für die Überschreitungszeit ein Darlehen gewährt werden, das nach erfolgreichem Abschluss des Studiums erlassen wird. Außerdem kann bei den unterhaltsverpflichteten Eltern von Behinderten ein höherer Einkommensanteil anrechnungsfrei bleiben, so dass Behinderte unter erleichterten Bedingungen (bei höherem Einkommen ihrer Eltern) Anspruch auf BAföG haben können.

Haben Schwerbehinderte einen Anspruch auf bevorzugte Einstellung?

Private und öffentliche Arbeitgeber, die mindestens 20 Arbeitnehmer beschäftigen, sind verpflichtet, mindestens fünf Prozent ihrer Arbeitsplätze mit Schwerbehinderten zu besetzen. Allerdings wird diese Beschäftigungsquote von vielen Betrieben in Deutschland nicht erreicht. Betriebe, die ihrer Verpflichtung zur Einstellung von Schwerbehinderten nicht nachkommen, müssen hierfür monatlich eine sogenannte Ausgleichsabgabe zahlen.

Diese liegt je nach Betriebsgröße zwischen monatlich 105 bis 260 Euro pro nicht besetztem Arbeitsplatz. Die Ausgleichsabgabe wird von den Integrationsämtern zur Förderung der beruflichen Integration Schwerbehinderter verwendet.

BEISPIEL

S. (GdB 60) bewirbt sich um eine neue Arbeitsstelle. Der Arbeitgeber lehnt ihn mit der Begründung ab, er sei für die Stelle zwar ebenso geeignet wie sein nichtbehinderter Mitbewerber, jedoch habe er sich für diesen entschieden, weil er diesem den Zusatzurlaub für Schwerbehinderte nicht einräumen müsse. Hier liegt eindeutig eine behinderungsbedingte Benachteiligung vor. Diese begründet aber keinen Anspruch auf Einstellung, sondern führt zu einem Anspruch auf Zahlung einer Entschädigung.

Kein Anspruch auf bevorzugte Einstellung

Aus der Verpflichtung zur Einstellung schwerbehinderter Personen kann der einzelne Arbeitnehmer allerdings keinen unmittelbaren Anspruch auf Einstellung für sich herleiten, wenn er sich gemeinsam mit einem ebenso geeignete nichtbehinderten Bewerber auf eine Stelle bewirbt. Das gilt auch dann, wenn der Arbeitgeber seine Beschäftigungsquote nicht erfüllt

Keine Benachteiligung Schwerbehinderter bei der Einstellung

Schwerbehinderte dürfen bei einer Einstellung nicht aufgrund ihrer Behinderung benachteiligt werden. Eine solche Diskriminierung liegt dann vor, wenn die Behinderung des Bewerbers die Entscheidung des Arbeitgebers negativ beeinflusst hat.

Bei öffentlichen Arbeitgebern liegt eine Diskriminierung grundsätzlich bereits dann vor, wenn ein Schwerbehinderter, dem die fachliche Eignung nicht bereits offensichtlich fehlt, nicht zu einem Vorstellungsgespräch eingeladen wird

TIPP

Verhalten beim Einstellungsgespräch

Bei einem Einstellungsgespräch müssen Sie von sich aus nicht auf eine bei Ihnen vorliegende Schwerbehinderung verweisen. Das Bundesarbeitsgericht ist allerdings nach wie vor der Ansicht, dass ein potentieller Arbeitgeber Sie nach einer Schwerbehinderung fragen darf und Sie hierauf wahrheitsgemäß antworten müssen.

Welche Ansprüche gibt es zur Sicherung eines Arbeitsplatzes?

Vielfältige begleitende Hilfen im Arbeitsleben sollen dazu beitragen, dass schwerbehinderte Arbeitnehmer ihren Arbeitsplatz behalten können.

Leistungen an Schwerbehinderte

Neben persönlichen Hilfen in Form von Beratung bei Problemen im Beruf (z.B. Konflikten mit Kollegen oder bei bevorstehenden Umsetzungen im Betrieb) sind vor allem auch finanzielle Leistungen und zwar in erster Linie in Form der Gewährung von technischen Hilfen am Arbeitsplatz vorgesehen. Diese sollen dem Behinderten die Ausübung seiner Tätigkeit erleichtern oder sogar erst ermöglichen. Hierzu zählen etwa orthopädischen Stühle, Stehhilfen, Bildschirmlesegeräte für sehbehinderte Menschen oder Schallverstärkungsanlagen für Hörbehinderte.

BEISPIEL

Der selbstständige Rechtsanwalt R. leidet an einer schweren Nervenerkrankung (GdB 100, Merkzeichen »G«, »aG«). Er ist auf einen Rollstuhl angewiesen und kann auch seine Arme und Hände nur sehr eingeschränkt benutzen. Er benötigt eine Hilfskraft, die ihm z.B. Akten reicht und ihn zu Terminen begleitet. Auf seinen Antrag hin übernimmt das Integrationsamt die Kosten für diesen Assistenten.

Arbeitsassistenz

In besonderen Fällen kann bei Schwerbehinderten mit einem

besonderen Unterstützungsbedarf auch die Bewilligung einer Arbeitsassistenz in Betracht kommen. Wenn die Bereitstellung technischer Arbeitshilfen und die Hilfe durch Kollegen nicht ausreicht, um die dem Arbeitgeber vertraglich geschuldete Arbeitsleistung zu erbringen, kann eine regelmäßige persönliche Unterstützung bewilligt werden. Die Arbeitsassistenz unterstützt schwerbehinderte Menschen bei der Ausführung der von ihnen zu erbringenden Arbeitsleistung durch Erledigung von Hilfstätigkeiten.

Leistungen an Arbeitgeber

Um es Arbeitgebern zu erleichtern, schwerbehinderte Arbeitnehmer einzustellen und auf Dauer zu beschäftigen, können auch an diese zahlreiche Hilfen gewährt werden. Dazu zählen z.B. Zuschüsse für eine behindertengerechte Ausstattung des Arbeitsplatzes. Es können aber auch bauliche Maßnahmen im Betrieb gefördert werden, die dem Behinderten den Zugang zu seinem Arbeitsplatz erleichtern (z.B. Zugangsrampen, verbreiterte Türen aber auch behindertengerechte Toiletten). Darüber hinaus können auch finanzielle Zuschüsse für die Einstellung von besonders stark von ihrer Behinderung betroffenen Schwerbehinderten und Zuschüsse für außergewöhnliche Belastungen, die mit der Beschäftigung solcher Arbeitnehmer verbunden sind, gezahlt werden.

Auch sogenannte Integrationsvereinbarungen, die zwischen Arbeitgeber, Schwerbehindertenvertretung und Betriebsrat geschlossen werden, dienen der Sicherung der Beschäftigung schwerbehinderter Menschen. Sie enthalten z.B. Vorgaben für eine schwerbehindertengerechte Gestaltung des Arbeitsplatzes und -umfeldes und Maßnahmen zur besonderen Förderung schwerbehinderter Beschäftigter.

Gibt es auch unterstützende Leistungen im Umfeld des Arbeitsplatzes?

Ja, neben Hilfestellungen, die sich direkt auf den Arbeitsplatz selbst beziehen, gibt es auch noch Hilfen, die es dem Schwerbehinderten erst ermöglichen sollen, seinen Arbeitsplatz überhaupt zu erreichen bzw. von zu Hause aus aufzusuchen.

Unterstützung bei der Beschaffung und dem behindertengerechten Umbau eines Fahrzeuges

Zunächst kann hier die Mobilität durch die Ermöglichung der Nutzung eines Pkw zum Erreichen des Arbeitplatzes gefördert werden. Dabei kann die Anschaffung eines Kraftfahrzeugs mit einem Zuschuss von bis zu 9.500 Euro gefördert werden. Nur in Ausnahmefällen kommt noch ein höherer Zuschuss in Betracht. Zu beachten ist, dass der Zuschuss einkommensabhängig ist und erst ab einem Einkommen gewährt wird, das unter 75 Prozent der monatlichen Bezugsgröße (das heißt dem Durchschnittsentgelt der gesetzlichen Rentenversicherung: 2.485 Euro für 2008) liegt. Einkommensabhängig bezuschusst werden kann darüber hinaus z.B. auch die Erlangung einer Fahrerlaubnis. Außerdem kann auch ein Umbau des Fahrzeuges gefördert werden, der behinderungsbedingt erforderlich ist, und zwar in voller Höhe.

Unterstützung bei der Beschaffung von behindertengerechtem Wohnraum

Zu Hilfen im Umfeld des Arbeitsplatzes kann auch die Schaffung einer behindertengerechten Wohnung gehören, die es dem auf dem allgemeinen Arbeitsmarkt tätigen Schwerbehinderten erst ermöglicht, seinen Arbeitsplatz ohne fremde Hilfe zu erreichen.

Dazu zählen in erster Linie Maßnahmen, die das Betreten oder Verlassen der Wohnung oder der Garage ermöglichen. Darüber hinaus kann auch der Umzug in eine Wohnung gefördert werden, die im Gegensatz zur bisherigen Wohnung entweder behindertengerecht ist oder aber erheblich verkehrsgünstiger zum Arbeitsplatz liegt. Dies gilt vor allem auch dann, wenn ein behinderungsbedingter Wohnungsumbau nur mit unverhältnismäßigem Aufwand möglich wäre.

BEISPIEL

R. ist als selbstständiger Rechtsanwalt tätig und schwerbehindert (GdB 100, Merkzeichen »G«, »aG«). Er ist auf einen Rollstuhl angewiesen. Um seinen Pkw benutzen zu können, muss dieser u.a. durch Einbau einer Einstiegshilfe und einer modifizierten Servobremse umgebaut werden. Dafür entstehen Kosten von 23.000 Euro. Da R. den Pkw zur Durchführung seiner beruflichen Termine benötigt, können diese Kosten in voller Höhe vom Integrationsamt erstattet werden, wenn er die Kostenübernahme vor dem Umbau beantragt.

Werkstätten für Behinderte – wann besteht ein Anspruch auf Aufnahme?

Trotz der Vielzahl der in Betracht kommenden Hilfsangebote gibt es zahlreiche Behinderte, die wegen der Art oder Schwere ihrer Behinderung nicht auf dem allgemeinen Arbeitsmarkt tätig sein können. Für diese Personengruppe gibt es die Möglichkeit, in einer Werkstatt für behinderte Menschen zu arbeiten.

Werkstätten für behinderte Menschen sind überbetriebliche Einrichtungen, deren Ziel es ist, Menschen mit Behinderungen ins Arbeitsleben einzugliedern und ihnen die Möglichkeit zu geben, ihre Leistungs- oder Erwerbsfähigkeit zu entwickeln und zu erhalten und dabei ihre Persönlichkeit weiterzuentwickeln. Zu diesem Zweck bieten sie behinderten Personen eine angemessene berufliche Bildung, einen Arbeitsplatz oder Gelegenheit zur Ausübung einer geeigneten Tätigkeit. Dies erfolgt unter Einbeziehung von sozialpädagogischen, pflegerischen und medizinischen Diensten.

Auch schwerstbehinderte Menschen haben einen Anspruch auf Aufnahme in eine solche Werkstatt. Etwas anderes gilt nur dann, wenn aufgrund der Behinderung nicht erwartet werden kann, dass der behinderte Mensch - selbst unter den die besonderen Bedürfnisse behinderter Menschen berücksichtigenden Bedingungen der Werkstatt – auch nur ein Mindestmaß an wirtschaftlich verwertbarer Arbeitsleistung erbringen kann.

Eignung für die Beschäftigung

Ob die grundsätzliche Eignung für eine Beschäftigung in einer Werkstatt für behinderte Menschen im Einzelfall gegeben ist, wird in einem Eingangsverfahren ermittelt. Dabei wird auch geprüft, welche Tätigkeiten für den Behinderten in Betracht kommen. Liegt die Fähigkeit für eine Tätigkeit vor, erfolgt im Berufsbildungsbereich eine Förderung der Leistungsfähigkeit dahingehend, dass eine Beschäftigung im Arbeitsbereich der Werkstatt oder sogar auf dem allgemeinen Arbeitsmarkt erfolgen kann. Wenn dies das Ausmaß der Behinderung zulässt, fördert die Werkstatt den Übergang geeigneter Personen auf den allgemeinen Arbeitsmarkt. Im Arbeitsbereich der Werkstatt erbringen die Behinderten dann Produktions- und Dienstleistungen verschiedenster Art, u.a. für öffentliche Auftraggeber.

Es gibt in Deutschland rund 700 von der Bundesagentur für Arbeit anerkannte Werkstätten für Behinderte, die Leistungen auf den unterschiedlichsten Produktions- und Dienstleistungsbereichen erbringen.

TIPP

Standorte
Eine Übersicht über die Standorte der Werkstätten und die von ihnen angebotenen Leistungen finden Sie auf www.arbeitsagentur.de.

Die Tätigkeit in einer Werkstatt für Behinderte begründet die Sozialversicherungspflicht in allen Zweigen der Sozialversicherung (mit Ausnahme der Arbeitslosenversicherung) mit allen hiermit verbundenen Rechten aus der Kranken-, Pflege-, Unfall- und Rentenversicherung. Die Behinderten erhalten ein geringes Arbeitsentgelt in durchschnittlicher Höhe von rund 160 Euro im Monat.

Schwerbehindertenvertretung – was ist das?

In Betrieben mit mindestens fünf schwerbehinderten oder gleichgestellten Mitarbeitern ist eine Schwerbehindertenvertretung (»Vertrauensperson«) einzurichten.

Aufgaben und Kompetenzen

Die Hauptaufgabe der Schwerbehindertenvertretung besteht darin, darauf zu achten, dass die zu Gunsten schwerbehinderter Menschen bestehenden Vorschriften eingehalten werden. Die Schwerbehindertenvertretung ist in allen Angelegenheiten, die einen einzelnen Schwerbehinderten oder die schwerbehinderten Menschen als Gruppe berühren, vom Arbeitgeber unverzüglich und umfassend zu unterrichten. Zu diesen Angelegenheiten zählen neben Maßnahmen, die die Einrichtung von behindertengerechten Arbeitsplätzen betreffen, vor allem auch Einstellungen, Versetzungen und Kündigungen. Es gehört z.B. auch zu den Pflichten der Schwerbehindertenvertretung, zu überwachen, ob der Arbeitgeber seiner Verpflichtung nachkommt zu prüfen, ob frei werdende Arbeitsplätze mit einem schwerbehinderten Menschen besetzt werden können.

TIPP

Informationspflicht des Arbeitgebers

Ist die Bewerbung eines schwerbehinderten Bewerbers eingegangen und hat der Arbeitgeber hierüber nicht die Schwerbehindertenvertretung informiert, so lässt dies eine Benachteiligung vermuten, die einen Entschädigungsanspruch des nicht berücksichtigten Bewerbers begründen kann.

Hat der Arbeitgeber eine Anhörung der Schwerbehindertenvertretung unterlassen, muss, falls noch möglich, die Maßnahme ausgesetzt und die Anhörung unverzüglich nachgeholt werden.

Hilfe bei Konflikten am Arbeitsplatz

Zu den Aufgaben der Schwerbehindertenvertretung gehört auch die Unterstützung von schwerbehinderten Beschäftigten bei Konflikten am Arbeitsplatz und die Beratung und Unterstützung schwerbehinderter Beschäftigter bei allen Maßnahmen im Zusammenhang mit dem bestehenden Arbeitsverhältnis wie Beförderung, Umsetzung und Beendigung des Arbeitsverhältnisses. Die Schwerbehindertenvertretung beantragt bei den zuständigen Stellen Maßnahmen, die dem schwerbehinderten Menschen hilfreich sind.

TIPP

Schwerbehindertenvertretung einschalten
Sie sollten sich bei allen im Betrieb anfallenden Problemen zunächst immer auch an die Vertrauensperson richten.

Der Schwerbehindertenvertretung obliegt auch die Begleitung bei der Wiedereingliederung am Arbeitsplatz nach einer Krankheit und die Beratung von langzeiterkrankten Mitarbeitern, die von Schwerbehinderung bedroht sind. Hierzu gehört auch die Aufnahme von Anträgen für die Anerkennung der Schwerbehinderteneigenschaft oder auf Gleichstellung mit schwerbehinderten Menschen.

Ist der Arbeitsplatz eines Schwerbehinderten besonders gegen Kündigung geschützt?

Ja, für schwerbehinderte Menschen besteht ein erweiterter Kündigungsschutz insoweit, als bei der Kündigung eines Schwerbehinderten durch den Arbeitgeber die vorherige Zustimmung des Integrationsamts erforderlich ist. Dies gilt allerdings nicht, wenn das Arbeitsverhältnis zum Zeitpunkt der Kündigung noch keine sechs Monate ununterbrochen lang bestanden hat, durch einen einvernehmlichen Aufhebungsvertrag beendet wird oder durch Zeitablauf endet.

Zustimmung des Integrationsamts

Bei seiner Entscheidung, ob die Zustimmung erteilt wird oder nicht, hat das Integrationsamt sowohl die Interessen des Arbeitgebers, als auch die des Schwerbehinderten angemessen zu berücksichtigen. Von ausschlaggebender Bedeutung ist dabei der Kündigungsgrund. Vor allem bei personenbedingten Kündigungen, die ihre Ursache in der Person des Schwerbehinderten liegenden Gründen hat, auf die dieser keinen Einfluss hat (und zwar vor allem bei behinderungsbedingten Leistungseinschränkungen oder Fehlzeiten) entfaltet der Sonderkündigungsschutz seine Wirkung. Hingegen ist in Fällen eines verhaltensbedingten Fehlverhaltens, etwa unentschuldigtem Fehlen oder Störung des Betriebsfriedens, davon auszugehen, dass sich der Schwerbehinderte dies ebenso wie ein Nichtbehinderter zurechnen lassen muss und die Zustimmung zu erteilen ist.

Grundsätzlich soll das Integrationsamt die Zustimmung erteilen, wenn dem Schwerbehinderten ein anderer angemessener und zumutbarer Arbeitsplatz gesichert ist. Die Zustimmung soll ferner dann erteilt werden, wenn bei einer außerordentlichen Kündigung die Kündigung aus einem Grund erfolgt, der nicht im Zusammenhang mit der Behinderung steht.

BEISPIEL Der im Außendienst tätige S. hat wegen seiner Behinderung seit Jahren erhebliche krankheitsbedingte Fehlzeiten. Bei einer Spesenabrechnung gibt er wahrheitswidrig ihm tatsächlich nicht entstandene Übernachtungskosten an. Der Arbeitgeber kündigt ihm daraufhin fristlos und beantragt fristgerecht die Zustimmung zur Kündigung. Hier muss das Integrationsamt die Zustimmung erteilen, weil das Fehlverhalten des S. in keinem Zusammenhang mit der Behinderung steht.

Außerordentliche Kündigung

Im Fall einer außerordentlichen Kündigung muss der Arbeitgeber allerdings innerhalb eines Zeitraums von zwei Wochen nach Eintritt des wichtigen Grunds die Zustimmung beantragt haben. Das Integrationsamt muss über einen solchen innerhalb von zwei Wochen entscheiden. Andernfalls tritt eine sogenannte Zustimmungsfiktion ein und die Zustimmung gilt als erteilt.

Wie wirkt sich die Schwerbehinderung auf die zeitliche Verpflichtung zur Arbeitsleistung aus?

Eine Schwerbehinderung führt zunächst zu einer Verlängerung des Urlaubsanspruchs. Schwerbehinderte Arbeitnehmer haben Anspruch auf einen Zusatzurlaub von einer Arbeitswoche im Jahr. Bei einer regelmäßigen Arbeitswoche von fünf Tagen besteht daher ein Anspruch auf fünf Tage Zusatzurlaub im Jahr.

BEISPIEL

Das Versorgungsamt stellt bei Ihnen das Vorliegen der Schwerbehinderung z.B. ab dem 15.6. fest. Sie haben damit für dieses Jahr einen Zusatzurlaubsanspruch von sechs Zwölftel (ein Halb) und damit bei einer Fünf-Tage-Woche Anspruch auf 2,5 Tage Zusatzurlaub. Da Bruchteile von Urlaubstagen, die mindestens einen halben Tag betragen aufzurunden sind, haben Sie somit Anspruch auf drei Tage Zusatzurlaub.

Wird die Schwerbehinderung erst im Verlaufe des Urlaubsjahres festgestellt, hat der Schwerbehinderte nur Anspruch auf Zusatzurlaub in anteiliger Höhe. Dabei erhält er für jeden vollen Monat, in dem die Schwerbehinderung entsteht, einen Anspruch von einem Zwölftel.

Antrag erforderlich

Der Zusatzurlaub muss auch bei Kenntnis des Arbeitgebers von der Schwerbehinderung bei diesem ausdrücklich für das laufende Jahr beantragt werden.

Anspruch auf Freistellung von Mehrarbeit

Schwerbehinderte und ihnen gleichgestellte Beschäftigte sind auf ihr Verlangen hin von Mehrarbeit freizustellen. Mehrarbeit ist diejenige Arbeit, die über die normale gesetzliche Arbeitszeit von acht Stunden werktäglich hinausgeht. Das Verbot von Mehrarbeit erfasst aber nicht Sonntags-, Feiertags- und Nachtarbeit. Es bleibt dem Schwerbehinderten überlassen, ob er von seinem Anspruch auf Freistellung von Mehrarbeit Gebrauch macht.

Anspruch auf Teilzeitbeschäftigung

Außerdem haben schwerbehinderte Beschäftigte und gleichgestellte Behinderte einen Anspruch auf Teilzeitbeschäftigung, wenn ihnen wegen der Art und/oder der Schwere ihrer Behinderung eine Tätigkeit in Vollzeit nicht mehr möglich ist. Den Nachweis hierfür muss der Beschäftigte tragen. Ein Zusammenhang ist etwa zu bejahen, wenn die Tätigkeit überwiegend nur im Stehen verrichtet werden kann, dem Schwerbehinderten in Folge eines Rückenleidens stehende Tätigkeiten auch mit Pausen höchstens noch für vier bis fünf Stunden möglich sind.

Ein Anspruch auf Teilzeitbeschäftigung scheidet dann aus, wenn Arbeitsschutzvorschriften entgegenstehen oder die Teilzeitarbeit dem Arbeitgeber nicht zuzumuten oder für diesen mit unverhältnismäßigen Aufwendungen verbunden wäre. Dies ist beispielsweise dann der Fall, wenn hiermit eine unzumutbare Änderung der Arbeitsorganisation verbunden wäre oder wenn aufgrund besonderer Qualifikationen und Kenntnisse des Schwerbehinderten der Einsatz einer Ersatzperson besondere Probleme bereitet.

Kapitel 5
Vergünstigungen und Hilfen für schwerbehinderte Menschen

Neben den Hilfen im Berufsleben stehen schwerbehinderten Menschen noch zahlreiche weitere Vergünstigungen aus anderen Lebensbereichen zu. Von den meisten Schwerbehinderten können aus Altersgründen nur noch Nachteilsausgleiche außerhalb des Berufslebens in Anspruch genommen werden.

Zum Teil haben Sie solche Vergünstigungen bereits bei der Darstellung der Merkzeichen im Kapitel 3 kennen gelernt. Neben den bereits dort angesprochenen Nachteilsausgleichen gibt es aber noch weitere Hilfen, z.B. im Sozialversicherungsrecht, im Steuerrecht, bei der Beschaffung und dem Erhalt von Wohnraum und der Mobilität. Die wichtigsten Hilfen werden in diesem Kapitel vorgestellt.

Anspruch auf Altersrente – wie wirkt sich eine Schwerbehinderung aus?

Ein GdB von mindestens 50 berechtigt zur vorzeitigen Inanspruchnahme der Altersrente, und zwar ohne Abzüge. Das Alter für die Inanspruchnahme der Regelaltersrente beträgt derzeit (noch) 65 Jahre. Schwerbehinderte Menschen können die Altersrente dagegen bereits ab Vollendung des 63. Lebensjahres in Anspruch nehmen, sofern sie die Wartezeit von 35 Jahren erfüllt haben (»Altersrente für Schwerbehinderte«).

BEISPIEL

Versicherte, die bereits am 16.11.2000 schwerbehindert waren und außerdem vor dem 16.11.1950 geboren wurden, können hiervon abweichend die Altersrente für Schwerbehinderte bereits ab Vollendung des 60. Lebensjahres in Anspruch nehmen, ohne dass bei ihnen die genannten Rentenabschläge vorgenommen werden.

Altersrente ab 60

Die Altersrente für Schwerbehinderte kann bislang grundsätzlich auch schon mit 60 Jahren in Anspruch genommen werden. Allerdings kommt es dann zu erheblichen Abschlägen. Der Abschlag beträgt 3,6 Prozent für jedes vorzeitig in Ruhestand gegangene Jahr. Maximal beträgt der Abschlag damit 10,8 Prozent. Der Abschlag gilt auf Dauer, das heißt nicht nur für die Zeit der vorzeitigen Inanspruchnahme.

Anhebung der Altersgrenzen

Beginnend ab dem Jahr 2012 soll das Alter für die Inanspruchnahme der Regelaltersrente für alle Versicherten, die keine 45 Jahre lang Rentenversicherungsbeiträge gezahlt haben, schrittweise auf 67 Jahre angehoben werden. Dies wirkt sich auch auf die Altersrente für Schwerbehinderte aus. Das Alter für die Inanspruchnahme dieser Rente steigt nämlich von 63 auf 65 Jahre.

Ebenfalls angehoben wird das Alter für die vorzeitige Inanspruchnahme der Rente (mit Abschlägen), welches auf 62 Jahre angehoben wird. Beachten Sie aber, dass die Anhebung nur schrittweise und beginnend mit dem Geburtsjahrgang 1947 erfolgt. Erst für die Geburtsjahrgänge ab 1964 wirkt sich die Anhebung damit voll aus. Hingegen kann beispielsweise ein 1958 geborener Schwerbehinderter die Altersrente für Schwerbehinderte noch mit 64 Jahren in Anspruch nehmen und der vorzeitige Rentenbezug mit Abschlägen ist für ihn mit 62 Jahren möglich.

TIPP

Geburtsjahrgänge bis 1954

Für Angehörige der Geburtsjahrgänge bis 1954, die bereits vor dem 1.1.2007 einen Vertrag über Altersteilzeit geschlossen haben, bleibt es bei den bisherigen Altersgrenzen.

Gibt es eine spezielle Rente für Schwerbehinderte, die nicht mehr arbeiten können?

Nein, eine solche spezielle Rente für Schwerbehinderte gibt es nicht. Die für nicht mehr erwerbsfähige Versicherte der gesetzlichen Rentenversicherung in Frage kommenden Renten wegen verminderter Erwerbsfähigkeit knüpfen nämlich nicht an das Vorliegen einer Schwerbehinderung an. Vielmehr erhält - unabhängig vom Vorliegen einer Schwerbehinderung – Rente wegen voller Erwerbsminderung jeder Versicherte, der in Folge von Krankheit oder Behinderung auf absehbare Zeit außer Stande ist, unter den üblichen Bedingungen des allgemeinen Arbeitsmarkts mindestens drei Stunden täglich erwerbstätig zu sein. Anspruch auf Rente wegen teilweiser Erwerbsminderung haben Personen, die unter den üblichen Bedingungen des allgemeinen Arbeitsmarkts zwar mindestens drei, aber weniger als sechs Stunden täglich arbeiten können.

Kein direkter Zusammenhang zwischen Schwerbehinderung und Erwerbsminderung

Anders als der Begriff der Behinderung knüpft der Begriff der Erwerbsminderung ausschließlich an das Vorliegen von Erwerbsfähigkeit an. Demgegenüber berücksichtigt der Begriff der Behinderung die Auswirkungen von Gesundheitsstörungen in allen Lebensbereichen. Aus dem Vorliegen einer Schwerbehinderung sind daher keine direkten Rückschlüsse auf das

Vorliegen einer Erwerbsminderung möglich. Denken Sie nur an die Vielzahl schwerbehinderter Menschen, die erwerbstätig sind. Im Übrigen ist es ja gerade Ziel des Schwerbehindertenrechts, diese Personengruppe nach Möglichkeit in das Erwerbsleben zu integrieren bzw. im Erwerbsleben zu halten.

Volle Erwerbsminderung als Indiz für Schwerbehinderung

Allerdings kann umgekehrt die Feststellung des Vorliegens von voller Erwerbsminderung durchaus ein wichtiger Hinweis für das Vorliegen einer Schwerbehinderung sein. Zwar beurteilt sich die Frage der Schwerbehinderung nicht nach den konkreten Erwerbsmöglichkeiten des Behinderten und folgerichtig bestimmen auch die Anhaltspunkte bzw. Versorgungsmedizinischen Grundsätze, dass der GdB grundsätzlich unabhängig vom ausgeübten Beruf zu beurteilen ist. Allerdings stellt das Unvermögen, nicht einmal mehr leichte Arbeiten in einem Umfang von drei Stunden täglich verrichten zu können, doch eine ganz erhebliche Beeinträchtigung der Teilhabe am gesellschaftlichen Leben dar, welches ja durch das Arbeitsleben wesentlich geprägt wird. Eine aufgehobene Erwerbsfähigkeit ist daher zumindest ein gewichtiges Indiz für das Bestehen einer Schwerbehinderung, zumal zu erwarten ist, dass sich Gesundheitsstörungen, die einer Erwerbstätigkeit in einem Umfang von nur drei Stunden täglich entgegenstehen, auch in anderen Lebensbereichen auswirken.

Leistungen der gesetzlichen Krankenversicherung – welche Folgen hat die Schwerbehinderung?

Versicherungspflichtig beschäftigte Schwerbehinderte unterfallen ebenso wie nicht behinderte Beschäftigte der Sozialversicherungspflicht und sind somit grundsätzlich auch Pflichtmitglieder der gesetzlichen Krankenkassen. Besondere Tarife für Schwerbehinderte gibt es dort nicht. Allerdings gibt es in der gesetzlichen Krankenversicherung andere Nachteilsausgleiche.

Verringerung der Zuzahlungsverpflichtung ab einem GdB von 60

Jeder Versicherte in der gesetzlichen Krankenversicherung ist verpflichtet, pro Jahr Zuzahlungen in Höhe von bis zu zwei Prozent seiner jährlichen Bruttoeinnahmen für von ihm in Anspruch genommene Leistungen zu zahlen. Diese Zuzahlungsverpflichtung verringert sich für chronisch Kranke, die wegen derselben schwerwiegenden Krankheit in Dauerbehandlung sind, auf ein Prozent. Zu diesem Personenkreis zählen automatisch alle Schwerbehinderten mit einem GdB von mindestens 60.

Besondere Möglichkeit des Beitritts als freiwilliges Mitglied

Darüber hinaus besteht für Schwerbehinderte ein besonderes Beitrittsrecht als freiwilliges Mitglied zur gesetzlichen Krankenversicherung. Danach können Schwerbehinderte auch ohne die sonst erforderlichen Vorversicherungszeiten der Versicherung beitreten, wenn entweder sie, ein Elternteil, ihr Ehegatte oder ihr Lebenspartner in den letzten fünf Jahren vor dem Beitritt mindestens drei Jahre versichert war oder der Versicherte diese Vorversicherungszeit aus behinderungsbedingten Gründen nicht erfüllen konnte.

Mit diesem Beitrittsrecht wird Schwerbehinderten die Möglichkeit eröffnet, Krankenversicherungsschutz zu erhalten, der für sie in einer privaten Krankenversicherung sonst oft nicht finanzierbar ist. Allerdings können die gesetzlichen Krankenversicherungen dieses Beitrittsrecht von einer Altersgrenze abhängig machen. Davon haben viele Versicherungen Gebrauch gemacht. So ist z.B. bei der AOK und der Barmer Ersatzkasse ein Beitritt nur bis zur Vollendung des 45. Lebensjahres möglich.

TIPP

Fristgemäße Mitteilung der Schwerbehinderung

Beachten Sie überdies, dass der Beitritt nur möglich ist, wenn er der Krankenkasse innerhalb von drei Monaten nach Feststellung der Schwerbehinderung mitgeteilt wird.

Familienversicherung für Kinder ohne Altersbeschränkung

Außerdem besteht für alle behinderten Kinder die Möglichkeit, in der Familienversicherung über die Altersgrenze von 25 Jahren hinaus versichert zu bleiben, wenn sie nicht in der Lage sind, sich selbst zu unterhalten.

Haben Schwerbehinderte Ansprüche in der gesetzlichen Pflegeversicherung?

Nein, die Voraussetzungen der Schwerbehinderung haben mit denen der Pflegebedürftigkeit, die Voraussetzung für Leistungen aus der gesetzlichen Pflegeversicherung ist (u.a. Pflegesachleistungen bzw. Pflegegeld) zunächst einmal nichts zu tun.

Schwerbehinderte mit dem Merkzeichen »H«

Allerdings ist bei Schwerbehinderten mit dem Merkzeichen »H« stets zu prüfen, ob diese keinen Anspruch auf Leistungen aus der Pflegeversicherung haben. Der Begriff der Hilflosigkeit ist jedoch für die Feststellung von »H« (vgl. dazu S. 176) nicht identisch mit dem der Pflegebedürftigkeit.

So liegt Pflegebedürftigkeit im Bereich der gesetzlichen Pflegeversicherung nach der geringsten Pflegestufe 1 vor, wenn im Bereich der sogenannten Grundpflege – wozu der Bereich von Körperpflege und Verdauung, der Bereich der Ernährung und der Mobilität (z. B. Gehen, selbstständiges Aufstehen und Zubettgehen, An- und Auskleiden) gehört – ein Bedarf von mindestens 45 Minuten täglich besteht. Zusätzlich muss noch im Bereich der hauswirtschaftlichen Verrichtungen (z.B. Einkaufen) ein Bedarf von mindestens 45 Minuten vorliegen. Für die Pflegestufe 2 muss für den Bereich der Grundpflege ein Bedarf von 120 Minuten, für die hauswirtschaftlichen Verrichtungen ein Bedarf von 60 Minuten und für die Pflegestufe 3 ein Bedarf von 240 Minuten bzw. 60 Minuten gegeben sein.

TIPP

Anspruch auf Pflegegeld und Pflegeersatzleistungen

Bei Pflegestufe 1 besteht ein Anspruch auf Pflegegeld in Höhe von monatlich 215 Euro bzw. alternativ auf Pflegesachleistungen in Höhe von 420 Euro (Pflegestufe 2: 420 Euro bzw. 980 Euro; Pflegestufe 3: 675 Euro bzw. 1470 Euro).

Der Begriff der Hilflosigkeit im Zusammenhang mit dem Merkzeichen »H« unterscheidet sich von diesem Begriff der Pflegebedürftigkeit dadurch, dass bei der Hilflosigkeit hauswirtschaftliche Verrichtungen nicht berücksichtigt werden. Andererseits werden für die Beurteilung, ob Hilflosigkeit vorliegt, dafür Verrichtungen berücksichtigt, die für die Frage, ob Pflegebedürftigkeit vorliegt, keine Rolle spielen. Dabei handelt es sich etwa um den Bereich der geistigen Anregung und Kommunikation mit Tätigkeiten wie Vorlesen, Bewegung außerhalb des Hauses und Zeiten der Anleitung, Überwachung und Bereitschaft.

TIPP

Faustregel

Trotz dieser Unterschiede kann man als Faustregel davon ausgehen, dass bei Vorliegen der Voraussetzungen für »H« sehr oft zumindest die Voraussetzungen für die Pflegestufe 1 und häufig auch für die Pflegestufe 2 gegeben sind. Umgekehrt gilt, dass bei Vorliegen der Pflegestufe 1 die Voraussetzungen für »H« meist nicht vorliegen, während diese bei Vorliegen der Pflegestufe 2 und 3 praktisch immer gegeben sind.

Welche Auswirkungen hat die Schwerbehinderung auf das Arbeitslosengeld II?

Grundsicherung für Arbeitsuchende nach dem SGB II (»Arbeitslosengeld II« – »Hartz IV«) erhalten alle Personen zwischen 15 und 65 Jahren, die erwerbsfähig und hilfebedürftig sind, das heißt ihren Lebensunterhalt nicht ausreichend aus eigenen Kräften und Mitteln sichern können.

Anspruch nach dem SGB II

Damit können auch schwerbehinderte Menschen grundsätzlich als erwerbsfähige Hilfebedürftige einen Anspruch auf Grundsicherung für Arbeitssuchende haben. Denn Schwerbehinderung ist, wie gesehen, keinesfalls per se gleichzusetzen mit einer aufgehobenen Erwerbsfähigkeit. Allerdings wird bei Vorliegen einer Schwerbehinderung stets besonders zu prüfen sein, ob Erwerbsfähigkeit vorliegt und damit Leistungen nach dem SGB II in Betracht kommen. Darüber hinaus erhalten auch nichterwerbsfähige Angehörige eines erwerbsfähigen Hilfeempfängers Leistungen nach dem SGB II (das sogenannte Sozialgeld), wenn sie mit diesem in einer »Bedarfsgemeinschaft« leben,

Mit der Feststellung einer Schwerbehinderung geht nicht automatisch ein Anspruch auf höhere Leistungen nach dem SGB II einher. Jedoch können Behinderte unter bestimmten Voraussetzungen einen Zuschlag (»Mehrbedarf«) zu den Regelleistungen beziehen, wie sie einem Hilfeempfänger normalerweise zustehen. So erhalten behinderte Hilfebedürftige, an die Leistungen zur Teilhabe am Arbeitsleben oder sonstige Hilfen zur Erlangung eines geeigneten Arbeitsplatzes gezahlt werden einen Zuschlag in Höhe von 35 Prozent der für sie maßgebenden Regelleistung.

TIPP

Regelleistung für alleinstehenden erwachsenen Haushaltsvorstand

Die Regelleistung nach dem SGB II für einen alleinstehenden erwachsenen Haushaltsvorstand beträgt derzeit 351 Euro, Ehegatten oder Lebenspartner erhalten jeweils 316 Euro.

Mehrbedarf

Darüber hinaus erhalten nichterwerbsfähige Schwerbehinderte mit dem Merkzeichen »G« einen Mehrbedarf in Höhe von 17 Prozent der maßgebenden Regelleistung.

Die Regelleistung für Erwachsene, die Sozialgeld beziehen beläuft sich derzeit auf 281 Euro bzw. bei Ehe- oder Lebenspartnern auf 316 Euro. Beachten Sie aber, dass dieser Mehrbedarf ausschließlich den nicht erwerbsfähigen (oder über 65 jährigen) Mitgliedern der Bedarfsgemeinschaft gewährt werden kann. Erwerbsfähige Hilfebedürftige erhalten ihn nicht.

Für Hilfebedürftige kommt überdies ein krankheitsbedingter Mehrbedarf wegen kostenaufwendiger Ernährung in Betracht. Ein solcher Bedarf muss aber durch medizinische Ermittlungen gesondert festgestellt werden und knüpft zunächst nicht an das Vorliegen einer Schwerbehinderung an.

Welche Rolle spielt die Schwerbehinderung für die Sozialhilfe oder die Grundsicherung im Alter?

Während erwerbsfähige Hilfebedürftige Leistungen nach dem SGB II erhalten, kommt für hilfebedürftige Personen, die aus gesundheitlichen oder Altersgründen nicht mehr erwerbstätig sein können, nur ein Anspruch auf Sozialhilfe oder auf Grundsicherung im Alter und bei Erwerbsminderung in Betracht.

Voraussetzungen für die Leistungen

Sozialhilfe nach dem SGB XII erhalten hilfebedürftige Personen, die nicht auf Dauer voll erwerbsgemindert sind, das heißt keine regelmäßige Tätigkeit unter den üblichen Bedingungen des allgemeinen Arbeitsmarkts mehr täglich mindestens drei Stunden verrichten können. Leben diese Personen allerdings mit einem erwerbsfähigen Hilfebedürftigen zusammen, der Leistungen nach dem SGB II bezieht, erhalten auch sie Leistungen nach dem SGB II und zwar das sogenannte Sozialgeld (vgl. S. 118).

Grundsicherung nach dem SGB XII erhalten Personen über 65 Jahre und Personen, bei denen eine volle Erwerbsminderung auf Dauer vorliegt, das heißt, bei denen unwahrscheinlich ist, dass die Erwerbsminderung behoben werden kann. Dies ist nur dann der Fall, wenn aus ärztlicher Sicht auszuschließen ist, dass unter Berücksichtigung der vorhandenen therapeutischen

Möglichkeiten noch eine Besserung und eine Steigerung der beruflichen Leistungsfähigkeit eintritt.

Für alle diese Personen gilt, dass sie allein aufgrund einer festgestellten Schwerbehinderung keine höheren Leistungen erhalten. Allerdings wird ihnen ein Mehrbedarf von 17 Prozent der für sie maßgeblichen Regelleistung gewährt, wenn bei Ihnen gleichzeitig das Merkzeichen »G« vorliegt. Da die Leistungen nach dem SGB XII in ihrer Höhe im Wesentlichen denen nach dem SGB II entsprechen, beträgt die Höhe des Mehrbedarfs damit 54 bzw. 48 Euro (bei Ehe- und Lebenspartnern) im Monat.

Mehrbedarf

Überdies kommt bei Nachweis eines entsprechenden Bedarfs auch noch ein Mehrbedarf wegen kostenaufwendiger Ernährung in Betracht.

BEISPIEL

W. leidet an einer chronischen Nierenfunktionsstörung. Sie benötigt eine besondere Diät und erhält dafür monatlich einen Zuschlag von 10 Prozent der Regelleistung (= 35 Euro).

Außerdem kann unter Umständen ein Anspruch auf Übernahme höherer Unterkunftskosten bestehen, wenn behinderungsbedingt Bedarf für eine Unterkunft besteht, mit der höhere Kosten verbunden sind.

TIPP

Unentgeltlicher Erwerb der Wertmarke

Außerdem erhalten schwerbehinderte Menschen mit den Merkzeichen »G und, »Gl.«, die Empfänger von laufenden Leistungen nach dem SBG XII oder dem SGB sind, die sonst für jährlich 60 Euro zu erwerbende Wertmarke unentgeltlich, die zur Inanspruchnahme der Freifahrt im öffentlichen Personennahverkehr berechtigt.

Steuerliche Erleichterungen – welche gibt es?

Hier ist zunächst der sogenannte Behinderten-Pauschbetrag von Bedeutung.

Behinderten-Pauschbetrag

Der Behinderten-Pauschbetrag wird Schwerbehinderten abhängig von der Höhe des bei ihnen bestehenden Grades der Behinderung bei der Einkommensteuer gewährt. Er stellt einen steuerlichen Ausgleich für die außergewöhnlichen Belastungen dar, die aufgrund der Behinderung entstehen. Die Pauschbeträge werden gewährt bei einem GdB

- von 25 bis 30 in Höhe von 310 Euro,
- von 35 bis 40 in Höhe von 430 Euro,
- von 45 bis 50 in Höhe von 570 Euro,
- von 55 bis 60 in Höhe von 720 Euro,
- von 65 bis 70 in Höhe von 890 Euro,
- von 75 bis 80 in Höhe von 1.060 Euro,
- von 85 bis 90 in Höhe von 1.230 Euro und
- bei einem GdB von 95 bis 100 in Höhe von 1.420 Euro.

TIPP

Behinderten-Pauschbeträge nicht überschätzen

Angesichts dieser Beträge wird die Bedeutung des Pauschbetrags von vielen Schwerbehinderten deutlich überschätzt. Anders ist es kaum zu erklären, dass viele aufwendige Verfahren für eine oft nur geringfügige Erhöhung des GdB ausschließlich unter Hinweis auf einen höheren Pauschbetrag geführt werden.

Behinderten-Pauschbetrag bei GdB unter 50

Sie sehen an Hand dieser Beträge, dass der Behindertenpauschbetrag auch für Personen mit einem GdB von unter 50, aber mindestens 25 gewährt werden kann. Diese Behinderten erhalten den Behindertenpauschbetrag aber nur dann, wenn das Versorgungsamt bei ihnen festgestellt hat, dass die Behinderung zu einer »dauernden Einbuße der körperlichen Beweglichkeit« geführt hat. Dies muss entweder durch den Bescheid oder durch eine gesonderte Bescheinigung des Versorgungsamts nachgewiesen werden. Eine solche Beeinträchtigung, die sich vor allem auch auf die Fähigkeit bezieht, sich von Ort zu Ort zu bewegen, kommt insbesondere bei den Schäden des Bewegungsapparates in Betracht, unter Umständen aber auch bei internistischen Erkrankungen oder Schäden an den Sinnesorganen.

Für Blinde mit der Merkzeichen »Bl.«) und Hilflose mit dem Merkzeichen »H« wird im Übrigen ein erhöhter Pauschbetrag von 3.700,00 Euro gewährt.

TIPP

Übertragung des Behinderten-Pauschbetrags
Sofern ein Steuerpflichtiger ein behindertes Kind hat, für das ein Pauschbetrag in Betracht kommt, kann der Pauschbetrag auf Antrag des Steuerpflichtigen auf diesen übertragen werden, wenn er für das Kind einen Kinderfreibetrag oder Kindergeld erhält.

Kann ich noch weitere behinderungsbedingte Mehraufwendungen geltend machen?

Ja, denn der Behinderten-Pauschbetrag deckt nur die außergewöhnlichen Belastungen ab, die bei den gewöhnlichen und regelmäßig wiederkehren Verrichtungen des täglichen Lebens für die Pflege und für einen erhöhten Wäschebedarf anfallen. Mit der Geltendmachung des Pauschbetrags können insoweit dann weitere Aufwendungen, die als typische Mehraufwendungen aus diesem Bereich regelmäßig entstehen, nicht abgesetzt werden.

TIPP

Sie können wählen

Sie können wählen, ob Sie beim Finanzamt den Behinderten-Pauschbetrag oder ob sie grundsätzlich alle Ihnen wegen der Behinderung entstehenden sogenannten außergewöhnlichen Aufwendungen jeweils gesondert geltend machen wollen.

Außerdem gibt es noch weitere außergewöhnliche Belastungen anderer Art, die zusätzlich neben dem Pauschbetrag von Schwerbehinderten steuermindernd geltend gemacht werden können.

Erhöhte Abzugsbeträge

Aufwendungen für die Beschäftigung einer Hilfe im Haushalt können vom Schwerbehinderten an Stelle des für alle Steuerpflichtigen Betrages in Höhe von 624 Euro in Höhe eines Betrags von 924 Euro im Kalenderjahr geltend gemacht werden.

Bei Heimunterbringung kann an Stelle des Betrags für die Beschäftigung einer Hilfe im Haushalt ein Betrag von bis zu 624 Euro als außergewöhnliche Belastung geltend gemacht werden, der sich auf 924 Euro erhöht, wenn die Heimunterbringung wegen Pflegebedürftigkeit notwendig ist.

Berücksichtigung von Krankheits- oder Kurkosten

Zwar sind mit dem Pauschbetrag die typischen Kosten abgegolten, die mit der Behinderung für die der Pauschbetrag gewährt wird, einhergehen. Allerdings können außergewöhnliche Krankheitskosten, die sich wegen ihrer Einmaligkeit der mit dem Pauschbetrag beabsichtigten Typisierung entziehen (z.B. Kosten einer Operation oder Aufwendungen für eine Heilkur) neben dem Pauschbetrag berücksichtigt werden, solange diese Kosten nicht anderweitig erstattungsfähig sind.

Kosten für behindertengerechten Umbau

Ausnahmsweise können auch die Kosten für einen behindertengerechten Umbau der Wohnung steuermindernd geltend gemacht werden. Dies ist aber nur dann möglich, wenn die Maßnahme ausschließlich aufgrund der Behinderung notwendig ist und durch den Umbau kein Gegenwert entsteht. Letzteres ist nur dann der Fall, wenn entweder ein neuer Gegenstand ausgetauscht wird oder es aus sonstigen Gründen nicht zu einer Wertsteigerung des Objekts kommt.

Können höhere Pkw-Fahrtkosten steuerlich geltend gemacht werden?

Ja, Schwerbehinderte können sowohl bei Fahrten zwischen Wohnung und Arbeitsstätte, als auch bei privat veranlassten Fahrten steuerliche Vergünstigungen in Anspruch nehmen

Pkw-Kosten für private Fahrten

Unter bestimmten Umständen können die Pkw-Kosten für private Fahrten teilweise oder auch ganz neben dem Behinderten-Pauschbetrag als außergewöhnliche Belastungen abgesetzt werden. So können bei Schwerbehinderten mit einem GdB von mindestens 80 oder mit einem GdB von mindestens 70 und dem Merkzeichen »G« alle Aufwendungen für Fahrten berücksichtigt werden, die durch die Behinderung veranlasst sind. Dabei sind im Jahr 3.000 km (á 0,30 Euro) auch ohne Erbringung des Nachweis zu berücksichtigen, dass es sich um unvermeidbare, mit der Behinderung in Zusammenhang stehende Fahrten handelt. Für darüber hinausgehende Kilometer ist der Zusammenhang mit der Behinderung im Einzelnen nachzuweisen.

Bei Schwerbehinderten mit den Merkzeichen »aG«, »Bl.« und »H« werden Aufwendungen für alle Privatfahrten auch ohne einen Zusammenhang mit der Behinderung grundsätzlich bis zu einem Umfang von 15.000 km im Jahr abgezogen. Die tatsächliche Fahrleistung ist glaubhaft zu machen.

TIPP

Berücksichtigung bei nicht behindertem Steuerpflichtigen

Die genannten Fahrtkosten werden auch bei einem nicht behinderten Steuerpflichtigen berücksichtigt, der ein schwerbehindertes Kind mit den obengenanten Merkzeichen hat, für das er einen Kinderfreibetrag oder Kindergeld erhält.

Kosten für die Wege zwischen Wohnung und Arbeitsstätte

Besonderheiten gelten für Schwerbehinderte mit einem GdB von wenigstens 70 bzw. bei Schwerbehinderten mit einem GdB von 50 und dem Merkzeichen »G« auch bei der Berücksichtigung von Kosten für Wege zur Arbeit. Diese können anstelle der allgemeinen Entfernungspauschalen nämlich auch die tatsächlichen Kosten für die Wege zwischen der Wohnung und der Arbeit ansetzen. Bei der Ermittlung der tatsächlichen Kosten werden dabei auch die Kosten für die ersten 20 Entfernungskilometer berücksichtigt

Dabei zählen zu den tatsächlichen Kosten für ein Kraftfahrzeug etwa die Kraftfahrzeug-, Kasko- und Haftpflichtsteuern, Kosten für Reparaturen und Inspektionen, Benzinkosten, Kosten für eine Garage in Wohnortnähe, daneben auch Zinsen bei einer Teilfinanzierung. Diese Kosten sind allerdings nur anteilig, bezogen auf den Anteil der Fahrten zur Arbeit und zurück an der Gesamtfahrleistung zu berücksichtigen. Von Vorteil ist diese Regelung nur dann, wenn die tatsächlichen Kosten höher sind, als die Entfernungspauschalen. Dies wird von den Finanzämtern bei Angabe der tatsächlichen Kosten von selbst geprüft.

Gibt es noch weitere steuerliche Besonderheiten?

Ja, hinzuweisen ist hier noch auf die Ermäßigung bzw. Befreiung von der Kfz-Steuer, den sogenannten Pflegepausbetrag und die Möglichkeit, die Befreiung von der Hundesteuer zu beantragen

Befreiung von der Kfz-Steuer

Schwerbehinderte mit bestimmten Merkzeichen haben in unterschiedlichem Ausmaß Anspruch auf Befreiung von der Kfz-Steuer. Anspruch auf völlige Befreiung haben Schwerbehinderte mit den Merkzeichen »H«, »Bl«, »aG«, »VB« und »EB« (die beiden letzten allerdings nur, wenn die Berechtigung zur Befreiung bereits 1979 vorlag). Ermäßigung um 50 Prozent können Schwerbehinderte mit »G« und »Gl« erhalten.

TIPP

Voraussetzungen

Die Ermäßigung (»G« und »Gl«) kann nur in Anspruch genommen werden, wenn Sie nicht vom Recht zur unentgeltlichen Beförderung Gebrauch machen. Die Inanspruchnahme der Steuerermäßigung wird daher vom Finanzamt auf dem Ausweis eingetragen. Die Befreiung von der Kfz-Steuer (»H«, ,«Bl« und »aG«) kann hingegen zusätzlich zur unentgeltlichen Beförderung in Anspruch genommen werden.

Pflegepauschbetrag

Schwerbehinderte mit dem Nachteilsausgleich »H« (oder einer Einstufung in die Pflegestufe 3) können einen sogenannten Pflegepauschbetrag geltend machen, der pro Jahr 924 Euro beträgt. Voraussetzung ist, dass zu dem zu Pflegenden eine enge persönliche Beziehung besteht, was in der Regel nur bei Angehörigen der Fall sein dürfte, und die Pflegeperson aus dieser Pflegetätigkeit keine Einnahmen erzielt.

Erlass der Hundesteuer

Schließlich sei noch darauf hingewiesen, dass in den Ortssatzungen vieler Gemeinden für Schwerbehinderte eine Befreiung von der Hundesteuer vorgesehen ist. Allerdings erhalten die Befreiung nicht alle Schwerbehinderten, sondern in der Regel nur solche mit einem GdB von 100 und den Merkzeichen »Bl«, »aG«, »H« und »B«.

TIPP

Finanzamt muss rückwirkende Feststellungen des Versorgungsamts beachten

Beachten Sie, dass die Finanzämter auch an rückwirkende Feststellungen der Versorgungsämter gebunden sind. Wird z.B. erst nach Abschluss eines langwierigen Gerichtsverfahrens eine Schwerbehinderung rückwirkend auf den Zeitpunkt des bereits mehrere Jahre zurückliegenden Antrags festgestellt, können Sie für diesen Zeitraum nachträglich Ihre steuerlichen Vorteile geltend machen und insoweit eine Überprüfung auch bereits bestandskräftiger Einkommensteuerbescheide beantragen.

Welche Hilfen gibt es bei der Unterkunft?

Hilfen bei der Unterkunft gibt es in vielfältigen Formen.

Wohngeld

Wohngeld ist eine Leistung, die einkommensabhängig zu den Aufwendungen für Wohnraum gezahlt werden kann. Schwerbehinderte können hier einen besonderen Freibetrag bei der Berechnung der Einkommensgrenzen erhalten. Sie bekommen Wohngeld auch noch bei einem Einkommen, bei dem für andere Personen kein Anspruch mehr auf Wohngeld besteht. Der zusätzliche Freibetrag beträgt 1.200 Euro für Schwerbehinderte mit einem GdB von unter 80 und 1.500 Euro bei einem GdB von 80 bis 100. Der Freibetrag wird aber nur dann eingeräumt, wenn der Schwerbehinderte häuslich pflegebedürftig ist. Die Pflegebedürftigkeit kann u.a. durch das Merkzeichen »H« oder durch den Bezug von Leistungen der Pflegeversicherung bereits ab der Pflegestufe 1 nachgewiesen werden.

Wohnberechtigungsschein

Wer einen Wohnberechtigungsschein vorweisen kann, hat die Möglichkeit, mit öffentlichen Mitteln geförderten Wohnraum anzumieten. Auch die Erteilung eines Wohnberechtigungsscheins ist einkommensabhängig. Schwerbehinderte können ebenfalls besondere Freibeträge erhalten, die vom erzielten Einkommen abgezogen werden. Schwerbehinderte mit einem

GdB von 100 oder von 80 bis unter 100, wenn gleichzeitig häusliche Pflegebedürftigkeit vorliegt, erhalten einen Freibetrag von 4.500 Euro. Für Schwerbehinderten mit einem GdB von unter 80 bei gleichzeitiger häuslicher Pflegebedürftigkeit beträgt der Freibetrag 2.100 Euro.

Außerdem können schwerbehinderte Personen u. U. eine größere Wohnung beanspruchen, wenn eine höhere Wohnfläche aus behinderungsbedingten Gründen erforderlich ist.

Wohnungsbauförderung

Im Rahmen der öffentlichen Förderung von selbst genutztem Wohnraum können schwerbehinderte Menschen unter erleichterten Bedingungen Förderung erhalten, weil ihnen auch hier ein zusätzlicher Freibetrag bei der Einkommensberechnung eingeräumt wird. Die Freibeträge entsprechen denen, die für der Ausstellung eines Wohnberechtigungsscheins maßgeblich sind, das heißt 4.500 Euro für Schwerbehinderte mit einem GdB von 100 oder von 80 bis unter 100, wenn gleichzeitig häusliche Pflegebedürftigkeit vorliegt, 2.100 Euro für Schwerbehinderte mit einem GdB von unter 80 bei gleichzeitiger häuslicher Pflegebedürftigkeit.

Begünstigung bei Bausparverträgen

Während die vorzeitige Kündigung von Bausparverträgen grundsätzlich zur Versagung aller Prämien führt, ist dies bei Schwerbehinderten nicht der Fall, wenn nach dem Vertragsabschluss bei dem Sparer oder seinem Ehegatten Erwerbunfähigkeit eintritt. Diese können damit vorzeitig über die Bausparsumme verfügen, ohne dass die Prämien verfallen.

Welche Rechte gibt es bei der Miete von Wohnraum?

Grundsätzlich kann jeder Mieter einer Kündigung seines Mietvertrags durch den Vermieter widersprechen. Der Widerspruch hat zur Folge, dass das Mietverhältnis auf Verlangen des Mieters fortzusetzen ist und zwar so lange wie dies unter Berücksichtigung aller Umstände angemessen ist, wenn die Kündigung für den Mieter eine besondere Härte bedeutet und seine Interessen an der Fortsetzung des Mietverhältnisses die des Vermieters an der Kündigung überwiegen.

Dabei können auch in der Person des Mieters liegende Gründe eine solche Härte begründen, ohne dass es darauf ankommt, ob Ersatzwohnraum zur Verfügung steht. Vor allem gesundheitliche Gründe können einen solchen Härtefall begründen. Bei schwerbehinderten Mietern können solche Gründe z.B. dann vorliegen, wenn durch einen Umzug gesundheitliche Beeinträchtigungen zu erwarten sind.

Dazu ein Beispiel:

Der 14-jährige S. bewohnt mit seinen Eltern eine ebenerdige Mietwohnung. Er leidet an einer schweren psychischen Störung (GdB 80). Ausweislich eines kinderpsychiatrischen Gutachtens wäre es für ihn mit erheblichen nachteiligen psychischen Folgen verbunden, wenn er seine vertraute häusliche Umgebung wegen des Umzuges verlassen müsste. Obwohl auch auf Seiten des gehbehinderten Vermieters ein gesundheitliches Interesse an der ebenerdigen Wohnung besteht, können die Eltern der Kündigung mit Erfolg widersprechen.

TIPP

Förderung des Erhalts der Wohnung
Bei eigenem Wohnraum, in dem mindestens eine schwerbehinderte Person lebt und der mit Wohnungsbaumitteln des Landes gefördert wird, kann in einigen Bundesländern (z. B. in Nordrhein-Westfalen) bei Auftreten einer besonderen wirtschaftlichen Notlage, bei der ein Verlust der Wohnung droht, durch Bewilligung zusätzlicher Förderdarlehen die Erhaltung des Wohneigentums gesichert werden.

Duldung von Umbaumaßnahmen

Schwerbehinderte Menschen, die erheblich und dauerhaft in ihrer Bewegungsfreiheit beeinträchtigt sind, haben außerdem das Recht, von ihrem Vermieter die Zustimmung zu baulichen Veränderungen zu verlangen, wenn diese aus behinderungsbedingten Gründen erforderlich sind, um die Wohnung wie ein Mieter ohne Behinderung nutzen zu können.

Ob die Zustimmung zu erteilen ist, ist im Rahmen einer Interessenabwägung zu entscheiden. Dabei ist auf Seiten des Mieters vor allem auch auf Art, Dauer und Schwere der Behinderung abzustellen. Auf Seiten des Vermieters ist die Schwere des Eingriffs in die Bausubstanz und die Möglichkeit zu deren Rückgängigmachung zu berücksichtigen. Muss der Vermieter dem Umbau zustimmen, hat er das Recht, eine weitere Kaution zur Sicherung des Rückbaus nach möglichem Auszug des Mieters zu verlangen.

Welche Hilfen gibt es bei der Benutzung von öffentlichen Verkehrsmitteln?

Wie bereits dargelegt, gibt es bei der Benutzung von öffentlichen Verkehrsmitteln für Schwerbehinderte mit bestimmten Merkzeichen einen Anspruch auf unentgeltliche Beförderung im öffentlichen Personenverkehr. Danach fahren Schwerbehinderte mit den Merkzeichen »G«, »Gl«, »aG«, »H«, »Bl«, »VB« und »EB« im öffentlichen Personennahverkehr (in Bussen und Straßenbahnen, aber auch in S-Bahnen, Eilzügen innerhalb von Verkehrsverbünden) in ganz Deutschland ohne Kilometerbegrenzung und in Schnell- und Interregiozügen (nur noch Regionalbahnen/ Regional-Express-Züge) nur bis 50 km um den Wohnsitz oder Aufenthaltsort des Behinderten unentgeltlich.

Schwerbehinderte mit dem Merkzeichen »G« und »Gl« müssen allerdings jährlich für 60 Euro eine Wertmarke erwerben. Außerdem kann mit dem Merkzeichen »1Kl« mit Fahrkarten 2. Klasse die 1. Klasse benutzt werden.

Außerdem reisen Begleitpersonen eines Schwerbehinderten mit dem Merkzeichen »B« im öffentlichen Personennah- und -fernverkehr kostenlos in der gleichen Klasse wie der Schwerbehinderte.

Weitere Vergünstigungen der Deutschen Bahn

Darüber hinaus gewährt die Deutsche Bahn noch weitere Vergünstigungen für Schwerbehinderte. So erhalten Schwerbehinderte mit einem GdB von wenigstens 70 die Bahn Card 50 zum halben Preis. Mit dieser Karte bezahlen Sie für alle Fahrkarten nur den halben Normalpreis. Außerdem haben Schwerbehinderte, die auf die Benutzung eines Rollstuhls angewiesen (und zur Freifahrt im öffentlichen Personenverkehr berechtigt sind (siehe oben), die Möglichkeit, eine gebührenfreie Sitzplatzreservierung in Anspruch zu nehmen. Schließlich befördert die Bahn die Rollstühle dieser Personen kostenlos.

TIPP

Informationen der Deutschen Bahn
Die Deutsche Bahn informiert über die von ihr eingeräumten Vergünstigungen umfassend in der Broschüre »Mobil mit Handicap, z.B. auf www.bahn.de.

Vergünstigungen im Flugverkehr

Begleitpersonen eines Schwerbehinderten mit dem Merkzeichen »B« reisen im innerdeutschen Flugverkehr mit deutschen Fluggesellschaften kostenlos. Einige Fluggesellschaften, z.B. die Lufthansa, räumen schwerbehinderten Personen zum Teil vergünstigte Tarife ein. So erhalten z.B. Schwerbehinderte für Flugreisen zwischen Deutschland und den USA eine Ermäßigung von 30 Prozent.

Welche Hilfen gibt es bei der Pkw Nutzung?

Die meisten Vergünstigungen im Zusammenhang mit der Nutzung Ihres privaten Pkw haben Sie bereits kennen gelernt. Es handelt sich dabei einerseits um steuerliche Erleichterungen, sprich die Möglichkeit, die Kfz-Steuerbefreiung (mit »H«, »Bl«, »aG«, »VB« und »EB«) bzw. -ermäßigung (mit »G« und »Gl«) in Anspruch zu nehmen bzw. weitere Kosten für die Wege zwischen Wohnung und Arbeitsstätte und für private Fahrten steuerlich geltend zu machen. Darüber hinaus gibt es noch weitere Vergünstigungen.

»aG light«

Von Bedeutung ist vor allem die Möglichkeit, auch ohne die Merkzeichen »aG« und »Bl.« die meisten der Parkerleichterungen in Anspruch zu nehmen, wie sie mit diesen Merkzeichen verbunden sind. In manchen Bundesländern sind die Straßenverkehrsbehörden dazu übergegangen, Ausnahmegenehmigungen zu erteilen, die Parkerleichterungen beinhalten, die mit denen vergleichbar sind, wie sie mit dem Merkzeichen »aG« verbunden sind (z. B. in Nordrhein-Westfalen, Hessen, Rheinland-Pfalz, Saarland, Thüringen, Mecklenburg-Vorpommern, Schleswig-Holstein und Baden-Württemberg). Ausnahmegenehmigungen werden danach für erheblich Gehbehinderte mit dem Merkzeichen »G« erteilt, sofern die Voraussetzungen für die Zuerkennung des Merkzeichens »aG« (siehe S. 70 ff.) nur

»knapp« verfehlt wurden. Diese Ausnahmegenehmigung wird auch als »aG-light« bezeichnet. Die Voraussetzungen dafür liegen immer vor bei

- einem GdB 70 und maximalem Aktionsradius von ca. 100 m,
- chronisch entzündlichen Darmerkrankungen mit einem Einzel-GdB von mindestens 60,
- Stomaträgern mit doppeltem Stoma und bei einem Einzel-GdB von mindestens 70).

Die mit diesen Ausnahmegenehmigungen verbundenen Parkerleichterungen sind nicht ganz so weitgehend wie bei »aG« und »Bl«. Vor allem ist ein Parken auf den ausgewiesenen Behindertenparkplätzen nicht möglich.

TIPP

Antrag beim Straßenverkehrsamt
Diese Parkerleichterung ist nicht beim Versorgungsamt, sondern beim zuständigen Straßenverkehrsamt zu beantragen.

Ermäßigung bei TÜV, Kraftfahrzeugversicherung und ADAC

Wenn beim TÜV oder auch beim Straßenverkehrsamt behinderungsbedingt Gebühren anfallen (z.B. Eintragung behinderungsbedingter Einbauten), kann auf die Erhebung entsprechender Gebühren aus Billigkeitsgründen verzichtet werden. Darüber hinaus räumen einige Kfz-Versicherer Schwerbehinderten auch Beitragsermäßigungen ein. Gleiches gilt für Automobilklubs (z.B. ADAC, DTC). Außerdem räumen viele Autovertragshändler Schwerbehinderten beim Neuwagenkauf Rabatte ein.

Welche Vergünstigungen gibt es noch?

Abschließend sei noch auf einige weitere praxisrelevante Vergünstigungen hingewiesen.

Telefongebührenermäßigung

Schwerbehinderte mit dem Merkzeichen »RF« bekommen von der Deutschen Telekom einen vergünstigten Tarif (»Sozialtarif«). Damit ist eine monatliche Gebührenermäßigung von derzeit 8,26 Euro verbunden. Schwerbehinderte mit den Merkzeichen Bl sowie Gehörlose und Sprachbehinderte mit einem GdB von mindestens 90 erhalten eine Ermäßigung von 10,38 Euro monatlich. Dies gilt allerdings nicht bei Inanspruchnahme von sogenannten Komplettpaketen mit Vereinbarung einer »Flatrate«. Darüber hinaus räumen auch einige Mobilfunkanbieter Schwerbehinderten Sonderbedingungen ein. So erhalten Schwerbehinderte mit einem GdB von mindestens 80 derzeit z.B. bei Vodafone einen Rabatt in Höhe von 50 Prozent auf den monatlichen Basispreis.

Besuch von Veranstaltungen

Zu vielen Kulturveranstaltungen z.B. Museen, Theater, Konzert, Zoo und Kino erhalten Schwerbehinderte verbilligten oder sogar kostenlosen Eintritt. Dies gilt zum Teil auch für Begleitpersonen der Schwerbehinderten.

Schwerbehinderten wird in aller Regel eine Vergünstigung und zum Teil sogar ein Erlass der Kurtaxe eingeräumt, die an vielen Urlaubsorten zu entrichten ist.

Schließlich sind schwerbehinderte Menschen von der Musterungspflicht und von der Ableistung des Wehrdienstes und des Zivildienstes befreit.

Kindergeld

Für behinderte Kinder kann Kindergeld über das 27. Lebensjahr hinaus gezahlt werden, wenn das Kind nicht in der Lage ist, sich selbst zu unterhalten. Voraussetzung ist, dass die Behinderung vor Eintritt des 27. Lebensjahres eingetreten ist (für Kinder ab dem Geburtsjahrgang 1983 gilt die neue Altergrenze von 25 Jahren).

Fahrdienste

Vielerorts bieten Städte und Gemeinden Fahrdienste für Behinderte an, die über keinen eigenen Pkw verfügen. Diese Fahrdienste werden von Wohlfahrtsverbänden (z.B. Malteser Hilfsdienst, Deutsches Rotes Kreuz) durchgeführt und können in der Regel nur von Schwerbehinderten mit dem Merkzeichen »aG«, »H« oder »Bl« in Anspruch genommen werden. Allerdings ist die Inanspruchnahme auf eine bestimmte Anzahl von Fahrten im Monat oder Jahr (50 Fahrten im Jahr) und auch streckenmäßig (Beschränkung auf das Gebiet der Stadt oder des Kreises) begrenzt. Zum Teil wird die Benutzung auch davon abhängig gemacht, dass der Behinderte aus wirtschaftlichen Gründen nicht in der Lage ist, die Aufwendungen für die Durchführung der Fahrten selbst zu tragen.

Kapitel 6
Leistungen zur Teilhabe für alle behinderten Menschen

Während die bisher dargestellten Vergünstigungen und Hilfen nur für Schwerbehinderte bzw. zum Teil auch für gleichgestellte Menschen vorgesehen sind, bestehen auch gesetzliche Regelungen, die allgemein für behinderte Menschen und sogar auch für Menschen gelten, denen nur eine Behinderung droht. Diese Leistungen werden unabhängig vom Vorliegen einer festgestellten Schwerbehinderung gewährt, können aber natürlich auch von Schwerbehinderten in Anspruch genommen werden

Es handelt sich dabei um »Leistungen zur Teilhabe« als Rehabilitationsleistungen auf unterschiedlichen Gebieten. Dazu gehören Leistungen zur medizinischen Teilhabe, zur Teilhabe am Arbeitsleben, zur Teilhabe am Leben in der Gemeinschaft sowie unterhaltssichernde Leistungen. Dieses Kapitel gibt einen Überblick über diese Leistungen.

Was sind Leistungen zur Teilhabe für behinderte und von Behinderung bedrohte Menschen?

Leistungen zur Teilhabe (»Rehabilitation«) sind solche Sozialleistungen, die darauf abzielen, unabhängig von der Ursache der Behinderung behinderte Menschen in das Berufsleben und die Gesellschaft insgesamt zu integrieren. Anders als die bisher dargestellten Hilfen und Vergünstigungen für Schwerbehinderte und Gleichgestellte haben alle behinderten Menschen und auch solche, die nur von einer Behinderung bedroht sind, Anspruch auf die im Folgenden dargestellten Rehabilitationsleistungen.

Sie müssen also nicht schwerbehindert sein, um diese Leistungen in Anspruch nehmen zu können. Vielmehr haben alle behinderten und sogar bereits von einer Behinderung bedrohten Menschen ein Recht darauf, die erforderlichen Hilfen zu erhalten, damit gesundheitliche und behinderungsbedingte Einschränkungen vor allem der Erwerbsfähigkeit nicht entstehen. Falls sich dies nicht vermeiden lässt bzw. Einschränkungen bereits eingetreten sind, soll darauf hingewirkt werden, dass diese möglichst rasch und dauerhaft überwunden werden.

Medizinische Hilfe und Leistungen zur Teilhabe am Arbeitsleben

Zur Erreichung dieser genannten Ziele werden vor allem Leistungen zur medizinischen Rehabilitation und zur Teilhabe am

Arbeitsleben und dazu ergänzend noch unterhaltssichernde Leistungen erbracht. Außerdem können Leistungen zur Teilhabe am Leben in der Gemeinschaft erbracht werden, die dem Erreichen eines unabhängigen und selbstbestimmten Lebens dienen. Diese sogenannte soziale Rehabilitation zeigt, dass sich das verfassungsrechtliche Benachteiligungsverbot Behinderter auf alle Lebensbereiche bezieht und nicht auf das Erwerbsleben beschränkt ist.

Vor allem bei Leistungen zur Teilhabe am Arbeitsleben bestehen Überschneidungen zu den speziell Schwerbehinderten zustehenden Leistungen im Arbeitsleben, wie sie auf bereits im Kapitel 4 dargestellt wurden.

Ein Anspruch auf die im Folgenden dargestellten Rehabilitationsleistungen besteht grundsätzlich aber auch für Schwerbehinderte. Für sie können sich jedoch Ansprüche mit gleichem oder ähnlichem Inhalt (z.B. Anspruch auf Erstausstattung des Arbeitsplatzes) sowohl gegenüber dem Integrationsamt als auch gegenüber einem Rehabilitationsträger (z.B. Träger der gesetzlichen Sozialversicherung; siehe S. 144) ergeben. In diesem Fall muss der Schwerbehinderte seinen Anspruch immer gegenüber dem Rehabilitationsträger geltend machen.

Wer erbringt diese Rehabilitationsleistungen und wer ist zuständig?

Rehabilitationsträger

Leider gibt es keinen einheitlichen Rehabilitationsträger. Rehabilitationsträger sind zunächst die Sozialversicherungsträger, das heißt die gesetzlichen Krankenkassen, die gesetzliche Rentenversicherung, die gesetzliche Unfallversicherung (Berufsgenossenschaft) und die Agentur für Arbeit. Hinzu kommen die Träger der Kriegsopferversorgung, die Träger der Sozialhilfe und die Träger der öffentlichen Jugendhilfe. Jeder dieser Träger ist gleichzeitig für mehrere Bereiche zuständig. Träger für Leistungen zur Teilhabe am Arbeitsleben können z.B. die Bundesagentur für Arbeit, die Renten- und die Unfallversicherungsträger sein. Unterhaltssichernde Leistungen werden von fast allen Trägern erbracht.

Zuständigkeitsprobleme

Häufig ist es für alle Beteiligten schwierig, herauszufinden, wer im Einzelfall für eine bestimmte Maßnahme zuständig ist. Nicht selten kommt es sogar zu gerichtlichen Auseinandersetzungenn, in denen sich die in Betracht kommenden Träger noch nach Abschluss einer Maßnahme darüber streiten, wer für diese denn letztlich zuständig gewesen ist.

TIPP

Gemeinsame Servicestellen

Die Rehabilitationsträger haben sogenannte »Gemeinsame Servicestellen« eingerichtet. Diese sollen umfassend und trägerübergreifend sowohl über Art und Umfang in Betracht kommender Rehabilitationsmaßnahmen, als auch über Probleme hinsichtlich der Zuständigkeit der in Betracht kommenden Leistungsträger beraten. Angesichts der Unübersichtlichkeit des Rehabilitationsrechts empfiehlt es sich, von diesem Angebot Gebrauch zu machen.

Rehabilitationsträger muss Zuständigkeit prüfen

Damit Zuständigkeitsstreitigkeiten aber nicht auf dem Rücken des Behinderten ausgetragen werden, muss der Träger, an den sich der Behinderte mit seinem Begehren gewandt hat, innerhalb von 14 Tagen prüfen, ob er zuständig ist. Erfolgt innerhalb dieser Frist keine Weiterleitung an einen anderen Träger, muss der zuerst angegangene Träger den Anspruch nach allen in Betracht kommenden Leistungsgesetzen prüfen und bei Vorliegen der Voraussetzungen Leistungen erbringen. Erfolgt eine Weiterleitung, muss der Träger, an den weitergeleitet wurde, den Anspruch ebenfalls umfassend prüfen und darf seinerseits nicht mehr weiterleiten.

TIPP

Antrag stellen

Sie können einen Antrag auf Leistungen zur Teilhabe ohne Risiko grundsätzlich bei jedem Träger stellen, den Sie für zuständig halten, ohne dadurch einen zeitlichen oder rechtlichen Nachteil zu erleiden.

Medizinische Rehabilitation – was ist das?

Leistungen der medizinischen Rehabilitation sollen das Eintreten einer dauerhaften Behinderung verhindern bzw. eine bereits eingetretene Behinderung ausgleichen oder beseitigen und deren Folgen mindern. Dadurch sollen auch Einschränkungen der Erwerbsfähigkeit beseitigt und Pflegebedürftigkeit verringert werden. Letztlich sollen Leistungen der medizinischen Rehabilitation verhindern, dass vorzeitig Sozialleistungen bezogen werden (»Reha vor Rente«).

Welche Leistungen erbracht werden

Leistungen zur medizinischen Rehabilitation umfassen die Behandlung durch Ärzte, Zahnärzte und andere Heilberufe, die auf ärztliche Anordnung tätig werden, die auf Beseitigung und Überwindung einer Behinderung ausgerichtet sind. Dazu zählt auch die Versorgung mit Arznei- und Verbandsmitteln. Besonders wichtig ist die Versorgung mit sogenannten Heil- und Hilfsmitteln.

Heilmittel sind Maßnahmen, die äußerlich auf den Menschen einwirken, wie z.B. Physiotherapie, Sprach- und Beschäftigungstherapie oder auch Psychotherapie.

Hilfsmittel sind Körperersatzstücke (Prothesen), orthopädische Hilfen (z.B. Bandagen, Rollstühle) und andere Sachmittel, die dazu dienen, eine Behinderung auszugleichen (zur Versorgung von behinderten Menschen mit Hilfsmitteln, vgl. dazu auch S. 152).

Belastungserprobung

Auch die Durchführung von Belastungserprobungen nach längerer Krankheits- oder behinderungsbedingter Arbeitsunterbrechung zählt zur medizinischen Rehabilitation. Darunter fallen vor allem auch Maßnahmen der stufenweisen Wiedereingliederung, bei der Behinderte durch Aufnahme der bisherigen Beschäftigung mit zunächst reduzierter Stundenzahl schonend in den Arbeitsprozess eingegliedert werden sollen.

Leistungen der medizinischen Rehabilitation sollen soweit wie möglich ambulant erbracht werden. Häufig ist aber eine stationäre Durchführung erforderlich (»Kur«). Die Länge einer solchen Maßnahme soll grundsätzlich drei Wochen nicht überschreiten. Sie kann aber bei Bedarf verlängert werden.

TIPP

Mitsprache- und Wahlrecht

Beachten Sie, dass Sie nicht nur bei Maßnahmen der medizinischen Rehabilitation, sondern bei allen Teilhabeleistungen hinsichtlich der Art und Durchführung der jeweiligen Maßnahme ein Mitsprache- und Wahlrecht haben. Danach muss der Rehabilitationsträger Ihre berechtigten Wünsche, unter Berücksichtigung ihrer persönlichen Lebenssituation, bei seiner Entscheidung über die Bewilligung und die Ausführung der Leistungen berücksichtigen. Dies erfolgt nicht selten allerdings nur unzureichend.

Welche Leistungen zur Teilhabe am Arbeitsleben werden erbracht?

Teilhabeleistungen am Arbeitsleben haben das Ziel, die Versicherten nach ihrer Leistungsfähigkeit und unter Berücksichtigung ihrer Eignung, Neigung und bisherigen Tätigkeit möglichst auf Dauer beruflich einzugliedern.

Maßnahmen zur Teilhabe am Arbeitsleben

Als Maßnahmen zur Teilhabe am Arbeitsleben kommen insbesondere Leistungen zur Erhaltung oder Erlangung eines Arbeitsplatzes, Berufsvorbereitung, berufliche Anpassung und Weiterbildung, berufliche Ausbildung und Leistungen an Arbeitgeber in Betracht. Von den Rehabilitationsträgern können, ähnlich wie von den Integrationsämtern (vgl. dazu S. 88), auch Kosten für eine behindertengerechte Arbeitsausrüstung und Ausstattung des Arbeitsplatzes übernommen werden.

Berufsvorbereitende Lehrgänge

Berufsvorbereitende Lehrgänge sollen die Versicherten in die Lage versetzen, überhaupt an qualifizierenden Leistungen zur Teilhabe am Arbeitsleben erfolgreich teilnehmen zu können. Dazu zählen auch Maßnahmen wie z.B. die blindentechnische Grundausbildung. Eine zu einem Abschluss führende Bildungsmaßnahme kann durchgeführt werden, wenn ein Behinderter nur durch diese Maßnahme in das Erwerbsleben eingegliedert werden kann. Gleiches gilt auch für Maßnahmen der beruflichen Anpassung und Weiterbildung, die auf bereits vorhandenen Kenntnissen aufbauen.

Nicht nur für Schwerbehinderte

Diese Leistungen entsprechen in ihrer Art und Zielsetzung zum Teil den Leistungen, die Sie bereits im Kapitel 4 kennen gelernt haben. Sie stehen aber nicht nur Schwerbehinderten offen, sondern auch Personen, die nur von einer Behinderung bedroht sind. Außerdem sind Rehabilitationsleistungen oft spezifischeren Maßnahmen vorgeschaltet und zielen darauf ab, zunächst einmal eine gewisse Leistungsfähigkeit herbeizuführen, auf der andere Maßnahmen erst aufbauen können.

Träger der beruflichen Rehabilitationsmaßnahmen

Träger dieser beruflichen Rehabilitationsmaßnahmen sind in erster Linie die Bundesagentur für Arbeit und die Rentenversicherung. Die Rentenversicherungsträger sind zuständig, wenn Sie zum Zeitpunkt der Antragstellung bereits eine Wartezeit von 15 Jahren zurückgelegt haben.

Für diese Wartezeit zählen Pflichtbeiträge und freiwillige Beiträge, Kindererziehungszeiten und Zeiten aus dem Versorgungsausgleich mit. Beruht die Behinderung auf einem Arbeitsunfall, können für Leistungen zur Teilnahme am Arbeitsleben auch die Unfallversicherungsträger (Berufsgenossenschaften) zuständig sein.

Unterhaltssichernde Leistungen und Leistungen zur Teilhabe am Gemeinschaftsleben – was ist das?

Unterhaltssichernde Leistungen dienen dazu, den Lebensunterhalt des Behinderten sicherzustellen und zwar bei Leistungen der medizinischen Rehabilitation oder Leistungen zur Teilhabe am Arbeitsleben. Bei einer medizinischen Rehabilitation kommt die Zahlung von Krankengeld durch die Krankenversicherung oder von Verletztengeld durch die Unfallversicherung in Betracht. Ist der Träger die Rentenversicherung, erfolgt die Unterhaltssicherung wie bei allen Maßnahmen der Teilhabe am Arbeitsleben durch die Zahlung des sogenannten Übergangsgelds. Die Höhe des Übergangsgeldes richtet sich (ebenso wie die Höhe des Kranken- und Verletztengelds) nach dem zuletzt regelmäßig erzielten Arbeitsentgelt. Sozial schwache Behinderte, die kein Arbeitsentgelt bezogen haben, können Sozialhilfe erhalten.

Leistungen zur Teilhabe am Leben in der Gemeinschaft

Leistungen zur Teilhabe am Leben in der Gemeinschaft (»soziale Rehabilitation«) können als ergänzende Leistungen zu den bisher beschriebenen Maßnahmen der medizinischen Rehabilitation und Teilhabe am Arbeitsleben erbracht werden, um behinderte Menschen am Leben in der Gemeinschaft teilhaben zu lassen. Hierzu zählen z.B. auch Hilfen zur Förderung der

Verständigung mit der Umwelt, etwa die Übernahme von Kosten, die bei der Benutzung von Kommunikationshilfen (z.B. Gebärdensprache) anfallen.

Wenn Art oder Schwere der Behinderung die Teilhabe nicht oder nur unzureichend möglich machen, zählen dazu z.B. auch Hilfen zur Förderung der Begegnung und des Umgangs mit nichtbehinderten Menschen (z.B. Hilfen zum Besuch von Veranstaltungen in Form einer Fahrhilfe).

Suche und Ausstattung einer Wohnung

Von großer Bedeutung ist in diesem Zusammenhang auch die Möglichkeit der Hilfe bei der Suche und Ausstattung einer Wohnung. In diesem Zusammenhang wird Hilfe bei der Beschaffung, Umgestaltung und Erhaltung einer Wohnung gewährt, wenn wegen der Art und Schwere des Gesundheitsschadens eine behindertengerechte Anpassung der Wohnung erforderlich ist.

TIPP

Sozialhilfeträger ist zuständig
Zuständiger Leistungsträger für diese Leistungen zur Teilhabe am Leben in der Gemeinschaft ist meist der Sozialhilfeträger.

Wer ist bei Behinderten für die Erbringung von Hilfsmitteln zuständig?

Hilfsmittel im weiteren Sinne sind alle sächlichen Mittel, die behinderte Menschen in ihrem Alltag oder der Ausübung ihres Berufs unterstützen. Dazu zählen Mobilitätshilfen (z.B. Rollstühle), Kommunikationshilfen (z.B. Hörgeräte), Pflegehilfsmittel (z.B. Pflegebett), daneben auch Hilfsmittel für den Beruf, wie etwa ein behindertengerechter Computerarbeitsplatz. Für Hilfsmittel, die für den Alltag benötig werden, sind andere Kostenträger zuständig als für solche, die für den Beruf erforderlich sind.

Hilfsmittel für den Beruf

Hilfsmittel für den Beruf sind vor allem technische Arbeitshilfen. Für deren Anschaffung kommen in erster Linie die Bundesagentur für Arbeit, die Rentenversicherungsträger und bei Schwerbehinderten zusätzlich die Integrationsämter als Kostenträger in Frage.

Hilfsmittel für den privaten Alltag

Für Hilfsmittel im privaten Bereich sind vor allem die Krankenkassen und die Sozialhilfeträger zuständig. Die Krankenkassen sind grundsätzlich zuständig für alle Hilfsmittel, die im Einzelfall dazu dienen, eine Behinderung auszugleichen. Von den

Krankenkassen werden jedoch nur die Grundbedürfnisse des täglichen Lebens befriedigt, nicht aber sämtliche Folgen der Behinderung ausgeglichen. Ebenso wenig werden allgemeine Gebrauchsgegenstände des täglichen Lebens von der Krankenkasse als Hilfsmittel zur Verfügung gestellt. Die Kosten hierfür hat der Behinderte zu tragen bzw. bei Bedürftigkeit das Sozialamt.

BEISPIEL Eine spezielle Beinprothese, die die Lauffähigkeit im Wesentlichen bei der Freizeitgestaltung (z.B. Bergsteigen) verbessert, dient nicht mehr nur der Befriedigung der Grundbedürfnisse und wird von der Krankenkasse nicht bezahlt.

Sozialamt

Als Kostenträger kommen darüber hinaus vor allem noch die Sozialämter in Betracht. Diese leisten aber immer nur »subsidiär«, das heißt es darf kein anderer Träger für die gleiche Leistung zuständig sein. Außerdem erbringen sie Leistungen nur einkommens- und vermögensabhängig, also nur, wenn sich der Behinderte das begehrte Hilfsmittel nicht aus eigenen finanziellen Mitteln beschaffen kann. Im Gegensatz zu den Krankenkassen können vom Sozialhilfeträger allerdings auch Gebrauchsgegenstände des täglichen Lebens bewilligt werden, wenn der Behinderte zum Ausgleich der Behinderung im Einzelfall hierauf angewiesen ist.

BEISPIEL Der inkontinente S. kann den Eintritt in eine stationäre Einrichtung nur dann vermeiden, wenn er eine Waschmaschine für die Reinigung seiner vermehrt anfallenden Wäsche erhält. Die Kosten hierfür können übernommen werden, obwohl es sich um einen Gebrauchgegenstand des täglichen Lebens handelt.

Kapitel 7
Das Recht der sozialen Entschädigung

Das Schwerbehindertenrecht zielt darauf ab, soziale Benachteiligungen auszugleichen, denen Personen wegen einer Behinderung im beruflichen und gesellschaftlichen Leben ausgesetzt sind. Das soziale Entschädigungsrecht regelt dagegen die Versorgung bei Gesundheitsschäden, weil Personen für die staatliche Gemeinschaft ein besonderes Opfer gebracht haben.

Berechtigte sind in erster Linie Opfer des Zweiten Weltkriegs, Bundeswehrsoldaten, Zivildienstleistende und Opfer von Gewalttaten.

Soziales Entschädigungsrecht – was verbirgt sich dahinter?

Das Recht der sozialen Entschädigung zählt – ebenso wie das Schwerbehindertenrecht – zum Schutzgebot des Grundgesetzes für Behinderte. Während jedoch das Schwerbehindertenrecht ausnahmslos für alle Behinderten mit einem Grad der Behinderung von mindestens 50 gilt, egal, wodurch die Behinderung entstanden ist, schützt das Recht der sozialen Entschädigung nur Personen, deren Behinderung auf bestimmte Ursachen zurückzuführen ist.

Entschädigung für ein »Sonderopfer« zu Gunsten der Allgemeinheit

Leistungen nach dem sozialen Entschädigungsrecht (auch als Versorgungsrecht bezeichnet) erhalten ausschließlich Personen, die einen Gesundheitsschaden erlitten haben, der daraus resultiert, dass sie freiwillig oder unfreiwillig eine mit einem gesundheitlichen Risiko verbundene Verpflichtung gegenüber dem Staat oder der Allgemeinheit eingegangen sind (»Sonderopfer«). Dazu zählen zunächst Soldaten und sonstige Personen (z.B. Vertriebene oder Bombenopfer), die Schäden im Zusammenhang mit den Ereignissen des Zweiten Weltkrieges erlitten haben. Die Ausgaben für die Versorgungsleistungen dieser Personengruppe standen gegen Ende der 1950 Jahre an zweiter Stelle der gesamten Staatsausgaben der Bundesrepublik Deutschland.

Soldaten und Zivildienstleistende

Zu den geschützten Personen zählen neben den Opfern des Zweiten Weltkrieges Soldaten der Bundeswehr, Zivildienstleistende, Opfer der ehemaligen DDR Justiz sowie Personen die sich einer staatlich empfohlenen Impfung unterzogen und hierdurch eine Schädigung erlitten haben, schließlich auch Personen, die einen Gesundheitsschaden erlitten haben, weil sie im Inland Opfer einer Straftat geworden sind.

Insgesamt erhalten derzeit knapp 500.000 Personen Leistungen des sozialen Entschädigungsrechts.

Art der Entschädigung

Die genannten Personen erhalten Leistungen, die zahlreiche Maßnahmen zur Erhaltung, Besserung oder Wiederherstellung der geschädigten Gesundheit beinhalten. Ferner handelt es sich um finanzielle Leistungen (Rente), die eine angemessene Versorgung der Geschädigten sicherstellen sollen, wenn sich der Gesundheitsschaden auch wirtschaftlich auswirkt. Gerade in der materiellen Entschädigung der betroffenen Personen liegt die zentrale Aufgabe des sozialen Entschädigungsrechts.

Opfer des Zweiten Weltkriegs und Bundeswehrsoldaten – welche Ansprüche bestehen?

Bei den meisten Leistungsbeziehern handelt es sich derzeit noch um Personen, die Leistungen nach dem »Gesetz über die Versorgung der Opfer des Krieges« (Bundesversorgungsgesetz, kurz BVG) erhalten. Diese Personen sind im militärischen oder militärähnlichen Dienst im Zusammenhang mit dem Zweiten Weltkrieg oder mit sonstigen Kriegsereignissen geschädigt worden. Es handelt sich dabei überwiegend um ehemalige Soldaten (bzw. deren Hinterbliebene) oder die durch Gefecht, Unfall oder Gefangenschaft eine gesundheitliche Schädigung erlitten haben.

BEISPIEL

Der Wehrpflichtige S. befand sich 1943 an der Ostfront. Bei der Abwehr eines feindlichen Angriffs erhielt er einen Schuss in den Oberarm. In Folge der ausgedehnten Weichteilverletzung musste der Arm knapp unter dem Schultergelenk abgenommen werden.

Unmittelbare Kriegswirkung

Voraussetzung für eine Entschädigung ist aber nicht, dass die Schädigung im Zusammenhang mit der Verrichtung eines militärischen Dienstes eingetreten ist. Vielmehr reicht jede unmittelbare Kriegseinwirkung für einen Entschädigungsanspruch aus. Daher haben auch zivile Opfer des

Zweiten Weltkrieges, bei denen die Schädigung etwa aufgrund eines Luftangriffs auf ein Wohngebiet, Übergriffe von Besatzungssoldaten (z.B. Beraubung oder Vergewaltigung) oder auch beim Aufsammeln liegen gebliebener Munition erfolgt ist, Anspruch auf Entschädigung nach diesem Gesetz.

Soldaten der Bundeswehr, Zivildienstleistende

Entschädigt werden auch Soldaten der Bundeswehr, die durch eine Wehrdienstverrichtung oder einen während der Ausübung des Wehrdienstes erlittenen Unfall (ein Unfall auf dem Weg zum Dienst reicht aus) eine Wehrdienstbeschädigung erleiden, für die gesundheitlichen und wirtschaftlichen Folgen dieser Schädigung. Die Ansprüche von Bundeswehrsoldaten ergeben sich aus dem Soldatenversorgungsgesetz (SVG).

Nach den gleichen Grundsätzen wie Bundeswehrsoldaten werden auch Zivildienstleistende entschädigt.

BEISPIEL

Der Wehrdienstleistende W. verunglückt auf dem Weg zu seiner Kaserne mit seinem privaten Pkw und erleidet einen bleibenden Hirnschaden. Er hat grundsätzlich einen Anspruch auf Entschädigung.

Sonstige Betroffene

Einen Entschädigungsanspruch haben auch Personen, die einen Impfschaden aufgrund einer staatlich empfohlenen Impfung haben. Gleiches gilt für Personen, die in der ehemaligen DDR aufgrund von unrechtmäßigen Strafurteilen oder Verwaltungsentscheidungen Körperschäden erlitten haben. Die zahlenmäßige Bedeutung der zuletzt genannten Personengruppen bei den Entschädigungsberechtigten ist allerdings gering.

Welche Personen kommen noch als Leistungsberechtigte in Betracht?

Große Bedeutung hat das »Gesetz über die Entschädigung der Opfer von Gewalttaten« (Opferentschädigungsgesetz, kurz OEG). Jeder Geschädigte erhält einen Versorgungsanspruch, wenn der Täter nicht gefasst wird oder nicht hinreichenden Schadensersatz leisten kann. Aus der Gruppe der Gewaltopfer werden heute die meisten Anträge auf Versorgung nach dem sozialen Entschädigungsrecht gestellt. Die Gewaltopferentschädigung soll Entschädigung in den Fällen gewähren, in denen der Staat seiner Aufgabe nicht gerecht geworden ist, seine Bürger vor gewaltsamen Angriffen zu schützen.

Anspruchsvoraussetzungen

Jeder, der auf deutschem Boden, auf einem deutschen Schiff oder in einem deutschen Luftfahrzeug wegen eines vorsätzlichen, rechtswidrigen tätlichen Angriffs gegen seine oder eine andere Person oder durch dessen rechtmäßige Abwehr eine gesundheitliche Schädigung erlitten hat, erhält eine Versorgung nach diesem Gesetz. Es löst allerdings nicht jede Straftat, die einen Gesundheitsschaden hervorruft, einen Anspruch nach dem Opferentschädigungsgesetz aus, vielmehr muss die Tat in einem tätlichen Angriff gegen eine Person bestehen und außerdem vorsätzlich und rechtswidrig begangen worden sein.

Auch die Abwehr eines solchen Angriffs und die dabei erlittene gesundheitliche Schädigung werden geschützt. Gleiches gilt für Verletzungen, die bei Abwehr oder Flucht des Opfers entstanden sind.

> BEISPIEL
>
> Ein Bankbote wird bei einem Raubüberfall nieder geschlagen. Ein Ausländer wird von Rechtsradikalen mit Benzin überschüttet und angezündet. Ein Gaststättenbesucher will einen Streit schlichten und wird dabei niedergestochen.

Dazu ein Beispiel:

P. wird von mehreren Personen in seiner Wohnung überfallen und misshandelt. Beim Versuch, vom Balkon seiner im 4. Stockwerk liegenden Wohnung zu fliehen, stürzt er ab und erleidet schwere Verletzungen. Die Verletzungsfolgen sind zu entschädigen.

Keinen tätlichen Angriff stellt dagegen zum Beispiel die fortlaufende psychische Beeinträchtigung eines Mitmenschen (»Mobbing«) dar.

»Schockschäden«

Unter Umständen können auch Personen einen Entschädigungsanspruch haben, die nicht selbst das Opfer geworden sind, jedoch als Tatzeuge einer schweren Gewalttat beigewohnt haben und dadurch eine dauerhafte psychische Störung erleiden (»Schockschaden«). Bei einer sehr engen persönlichen Beziehung zum Opfer (Ehegatte, Kinder, Eltern) kann ein solcher Schockschaden sogar dann in Betracht kommen, wenn die Schädigung aufgrund der Übermittlung der Todesnachricht erlitten wird.

Welche Folgen hat es, wenn Opfer von Gewalttaten ihre Schädigung selbst mitverursacht haben?

Versorgungsleistungen an Opfer von Gewalttaten werden nicht erbracht, wenn in der Person des Geschädigten sogenannte Versagungsgründe vorliegen. Solche sind gegeben, wenn der Geschädigte entweder seine Schädigung selbst mitverursacht hat oder wenn eine Entschädigung aus sonstigen, insbesondere in der Person des Geschädigten liegenden Gründen unbillig wäre. Ein Leistungsausschluss wegen Mitursächlichkeit setzt voraus, dass das Verhalten des Geschädigten in etwa gleichwertig zum Tatbeitrag des Schädigers gewesen ist.

Dazu ein Beispiel:

A. war zunächst in einer Kneipe mit einem Zechkumpan in Streit geraten. Im Verlauf der zunächst mit Worten und dann auch körperlich geführten Auseinandersetzung zog der Zechkumpan ein Messer und richtete es auf A. Obwohl dem A. die Gefährlichkeit seines Kontrahenten bekannt war, ging er dennoch auf diesen los und verlor daraufhin durch einen Messerstich ein Auge. A. hat keinen Anspruch auf Entschädigung, weil er seine Schädigung leichtfertig mitverursacht hat.

Von einer Mitverursachung des Schadens spricht man dann, wenn sich das Opfer durch die Verwirklichung eines Straftatbestands in ähnlich schwerer Weise gegen die Rechtsordnung vergangen hat wie der vorsätzlich handelnde Täter.

Keine Leistungen wegen Unbilligkeit

Ein Leistungsausschluss kommt wegen Unbilligkeit dann in Betracht, wenn die Tat im Zusammenhang von Alkohol- oder Drogenkonsum entstanden ist oder das Opfer bewusst oder leichtfertig eine Gefahr eingeht, der es sich ohne Weiteres hätte entziehen können, wenn nicht für sein Verhalten ein rechtfertigender Grund vorliegt (z.B. Versuch der Streitschlichtung).

BEISPIEL

Opfer und Täter streiten sich seit einiger Zeit. Das Opfer beleidigt zunächst den Täter massiv und erhält von ihm anschließend eine Ohrfeige, die zu seiner Ertaubung auf einem Ohr führt. Hier scheidet ein Anspruch aus, da das vorwerfbare Verhalten des Opfers (schwere Beleidigung) in seinem Unwertgehalt nach den Wertungen des Strafgesetzbuchs in etwa dem des Schädigers entspricht.

Dazu ein Beispiel:

H. handelte mit Rauschgift. Bei internen Auseinandersetzungen im Hehlermilieu wird er schwer verletzt. H. hat sich bewusst außerhalb der staatlichen Gemeinschaft gestellt. Es wäre unbillig, ihn dafür auch noch aus Steuermitteln zu entschädigen.

Beachten Sie, dass Versorgungsleistungen darüber hinaus auch denn versagt werden können, wenn es der Geschädigte unterlässt, unverzüglich Anzeige bei der Polizei zu machen und auch sonst nicht alles für ihn mögliche tut, um zur Verfolgung des Täters und zur Aufklärung des Sachverhalts beizutragen.

Welche Leistungen werden im sozialen Entschädigungsrecht erbracht?

Unabhängig davon, ob der Gesundheitsschaden aus einer Kriegsbeschädigung, einem Impfschaden oder einer zu entschädigenden Gewalttat stammt, ist der Umfang der Versorgungsleistungen stets gleich. Unterscheiden lassen sich Leistungen der Heil- und Krankenbehandlung und finanzielle Leistungen an den Geschädigten und dessen Hinterbliebenen.

Leistungen der Heil- und Krankenbehandlung

Der Geschädigte erhält für die als Schädigungsfolge anerkannte Gesundheitsstörung kostenlose medizinische Versorgung als sogenannte »Heilbehandlung«, und zwar unabhängig davon, wie hoch der Grad der Schädigungsfolgen (GdS) hierfür festgesetzt wird. Diese medizinische Versorgung entspricht in ihrem Umfang in etwa den Leistungen der gesetzlichen Krankenversicherung. Schwerbeschädigte (GdS von mindestens 50) erhalten darüber hinaus Heilbehandlung auch für alle Gesundheitsstörungen, die nicht mit der Schädigung im Zusammenhang stehen. Diese umfassende Heilbehandlung wird nur gewährt, wenn nicht zugleich ein anderer Sozialleistungsträger (Krankenkasse) oder ein privates Versicherungsunternehmen zur Leistung verpflichtet sind.

Beschädigtenrente

Wichtigste finanzielle Leistung ist die sogenannte Beschädigtenrente. Diese stellt ihrem Wesen nach eine Entschädigung für die Beeinträchtigung der körperlichen Unversehrtheit dar. Sie bezweckt aber auch den pauschalen Ersatz der Schäden aus schädigungsbedingten Mehraufwendungen. Die Beschädigtenrente steht als Grundrente jedem Geschädigten zu, dessen GdS mindestens 25 beträgt.

Es empfiehlt sich trotzdem, auch bei leichteren Schädigungen, die keinen rentenberechtigenden GdS von mindestens 25 bedingen, einen Antrag auf Versorgungsleistungen zu stellen, um zumindest in den Genuss einer kostenlosen medizinischen Behandlung für das Schädigungsleiden zu kommen.

Zulagen und Zuschläge zur Beschädigtengrundrente

Zur Beschädigtengrundrente können zahlreiche Zuschläge und Zulagen treten. So erhalten Schwerbeschädigte einen Ehegattenzuschlag und ab Vollendung des 65. Lebensjahrs einen Alterszuschlag. Außerdem können Beschädigte mit einem GdS von 100 eine sogenannte Schwerstbeschädigtenzulage erhalten, wenn sie durch die Schädigungsfolgen gesundheitlich außergewöhnlich betroffen sind.

Neben der Grundrente samt Zuschlägen kann noch eine sogenannte Ausgleichsrente gezahlt werden, wenn der Schwerbeschädigte wegen seines Gesundheitszustands an der Ausübung einer Erwerbstätigkeit gehindert ist oder eine solche erschwert ist. Darüber hinaus ist auch die Gewährung eines sogenannten Berufsschadensausgleichs möglich, wenn das Einkommen des Beschädigten aus gegenwärtiger oder früherer Tätigkeit gemindert ist.

In welcher Höhe werden Leistungen gezahlt?

Die Höhe der Beschädigtengrundrente richtet sich nach dem festgestellten Behinderungsgrad bzw. Beschädigungsgrad (GdS). Danach erhalten Beschädigte eine monatliche Grundrente bei einem GdS

- von 30 in Höhe von 120 Euro,
- von 40 in Höhe von 164 Euro,
- von 50 in Höhe von 221 Euro,
- von 60 in Höhe von 279 Euro,
- von 70 in Höhe von 387 Euro,
- von 80 in Höhe von 468 Euro,
- von 90 in Höhe von 562 Euro und
- von 100 in Höhe von 631 Euro.

TIPP

Grundrente ist rechtlich geschützt

Die Grundrente ist besonders geschützt. Sie darf z. B. weder gepfändet werden, noch beim Bezug von Leistungen der Grundsicherung für Arbeitssuchende (»Hartz IV«) oder Sozialhilfe bedarfsmindernd als Einkommen berücksichtigt werden.

Zuschläge

Der Alterszuschlag (bei Schwerbeschädigten über 65) beträgt monatlich 24 Euro bei einem GdS von 50 und 60, 30 Euro bei einem GdS von 70 und 80 und 37 Euro bei einem GdS von mindestens 90. Die Höhe der Schwerstbeschädigtenzulage wird je nach Schwere der Schädigung in sechs Stufen in Höhe von monatlich 72 Euro bis 449 Euro bemessen.

Anders als die bisher genannten Leistungen werden der Ehegattenzuschlag, der Kinderzuschlag, die Ausgleichsrente und der Berufsschadensausgleich nur einkommensabhängig gezahlt. Der Ehegattenzuschlag beträgt 69 Euro monatlich. Die Höhe der Ausgleichsrente liegt zwischen 387 Euro bei einem GdS von 50 und 60 und 631 Euro bei einem GdS von 100. Der Berufsschadensausgleich mit dem einem Beschädigten, dessen Einkommen aus gegenwärtiger oder früherer Tätigkeit durch die Schädigungsfolgen gemindert ist, dafür ein teilweiser Ausgleich gegeben werden soll, wird in Höhe von weniger als der Hälfte (42,5 Prozent) eines pauschalierten Einkommensverlustes gezahlt.

TIPP

Vom Leistungsträger beraten lassen

Bei Leistungen, die dem Ausgleich einer besonderen beruflichen Beeinträchtigung dienen, ist die Frage, ob und in welcher Höhe ggf. Leistungen in Betracht kommen, häufig nur schwer zu beantworten, da es sich zum Teil (Berufsschadensausgleich) um sehr komplexe Regelungen handelt. Es empfiehlt sich daher, eine Beratung beim zuständigen Leistungsträger in Anspruch zu nehmen.

Zu beachten ist, dass alle Leistungen nur auf Antrag erbracht werden. Der Antrag kann formlos bei der zuständigen Behörde, das heißt in der Regel beim Versorgungsamt, gestellt werden. Es sind aber auch alle anderen Sozialleistungsträger zu Entgegennahme und unverzüglichen Weiterleitung verpflichtet.

Kapitel 8
Wie kann ich meine Rechte durchsetzen?

Wenn Sie mit der Entscheidung der Behörde, die über Ihren Antrag auf Feststellung einer (Schwer-)Behinderung und/oder Feststellung von Merkzeichen entschieden hat, nicht einverstanden sind, haben Sie die Möglichkeit, eine Überprüfung dieser Entscheidung zu verlangen. Im sogenannten Widerspruchsverfahren hat die Behörde die Möglichkeit, ihre Entscheidung nochmals selbst zu überprüfen. Sind Sie auch mit der dann getroffenen Entscheidung nicht einverstanden, können Sie Klage beim zuständigen Sozialgericht erheben.

Was Sie über Ihre Rechte gegenüber der Behörde bzw. im gerichtlichen Verfahren wissen müssen, erfahren Sie in diesem Kapitel.

Was kann ich gegen eine ablehnende behördliche Entscheidung tun?

In der Regel wird ein Antrag mit dem Ziel gestellt, die Feststellungen der Schwerbehinderung oder die Eintragung bestimmter Merkzeichen im Schwerbehindertenausweis zu erreichen. Wird diesem Anliegen nicht oder nicht vollständig entsprochen, können Sie sich gegen die behördliche Entscheidung wehren und eine Überprüfung der Entscheidung verlangen.

Die Überprüfung der Entscheidung der zuständigen Behörde (im Regelfall des Versorgungsamtes) erfolgt in einem sogenannten »Vor-« bzw. »Widerspruchsverfahren«. Mit dem Widerspruchsverfahren soll die Behörde vor Durchführung eines Gerichtsverfahrens Gelegenheit erhalten, ihre Entscheidung noch einmal selbst zu überprüfen. Sie haben daher nicht die Möglichkeit, gegen eine ablehnende Entscheidung sofort gerichtlichen Rechtsschutz in Anspruch zu nehmen.

Einleitung des Widerspruchsverfahrens

Das Widerspruchsverfahren beginnt mit der Einlegung des Widerspruchs. Dieser ist schriftlich (auch per Fax) bei der Behörde zu erheben, die den Bescheid erlassen hat. Eine Begründung des Widerspruchs ist grundsätzlich nicht erforderlich.

TIPP

Widerspruch begründen

Es wird aber (spätestens im Verlauf des Widerspruchsverfahrens) empfohlen, den Widerspruch zu begründen. Ein nicht begründeter Widerspruch führt in der Regel nicht zu einer für den Betroffenen günstigeren Entscheidung.

Beachten Sie, dass der Widerspruch innerhalb eines Monats, nachdem die behördliche Entscheidung bekannt gegeben worden ist, erhoben werden muss. Abzustellen ist dabei nicht auf das Datum der Entscheidung, sondern auf deren Zugang beim Betroffenen.

Ablauf des Widerspruchsverfahrens

Der Widerspruch ist bei der Behörde einzulegen, die die Entscheidung getroffen hat, bzw. die in der Rechtsmittelbelehrung der Entscheidung genannt ist. Die Behörde hat nun die Möglichkeit, dem Widerspruch und damit dem Begehren des Widerspruchsführers zu entsprechen. Hilft sie dem Widerspruch nicht ab, legt sie diesen der zuständigen Widerspruchsbehörde vor, die dann den Widerspruchsbescheid erlässt.

BEISPIEL

Der Bescheid des Versorgungsamtes geht dem Antragsteller A. am 1.12. zu. Damit müsste A. seinen Widerspruch grundsätzlich bis zum Ablauf des 1.1. einlegen. Fällt allerdings der letzte Tag der Frist auf einen Samstag, Sonntag oder einen sonstigen Feiertag, wird dieser Tag nicht mitgerechnet. Da es sich beim 1.1. um einen Feiertag handelt, kann A. seinen Widerspruch bis einschließlich des 2.1. um 24.00 Uhr einlegen.

Wie wehre ich mich gegen einen ablehnenden Widerspruchsbescheid?

Sie haben die Möglichkeit, einen ablehnenden Widerspruchsbescheid durch das Gericht überprüfen zu lassen.

Zuständigkeit der Sozialgerichte und Klagefrist

Für Streitigkeiten im Zusammenhang mit der Feststellung einer Behinderung oder von Merkzeichen sind die Sozialgerichte zuständig. Die Klage ist bei dem zuständigen Sozialgericht, welches sich aus der Rechtsmittelbelehrung des Widerspruchsbescheids ergibt, binnen eines Monats nach Bekanntgabe des Widerspruchsbescheids zu erheben. Auch in diesem Fall gilt, dass für die Fristberechnung nicht das Datum des Widerspruchsbescheids, sondern der Tag maßgebend ist, an dem Ihnen der Widerspruchsbescheid zugegangen ist (zur Fristberechnung siehe S. 171).

TIPP

Zuständiges Gericht

Ist das zuständige Sozialgericht nicht bekannt, wird die Klagefrist auch gewahrt, wenn die Klage innerhalb der Frist bei einem anderen deutschen Gericht, einer deutschen Behörde, einem Versicherungsträger (z.B. Krankenkasse oder Arbeitsamt) oder einer deutschen Konsularbehörde eingeht.

Schriftform

Die Klage muss schriftlich erhoben werden. Zulässig ist es auch, wenn Sie die Klage per Telefax oder durch Niederschrift beim Gericht erheben. Die Erhebung einer Klage per E-Mail ist dagegen nicht zulässig.

Die Klage muss erkennen lassen, von wem sie erhoben wird und gegen welche Entscheidung (Angabe des Bescheids der Behörde und des Widerspruchsbescheids) sie sich richtet.

Eine Begründung der Klage ist bei der Erhebung nicht zwingend erforderlich, jedoch im weiteren Klageverfahren sinnvoll und im Interesse des Klägers. Das Gericht ist nämlich nicht zu Ermittlungen »ins Blaue hinein« verpflichtet.

BEISPIEL

Hiermit erhebe ich gegen den Bescheid des Versorgungsamtes ... vom ... in Gestalt des Widerspruchsbescheids vom ... Klage. Begründung: ... (oder auch: Begründung folgt).

Datum Unterschrift

Untätigkeitsklage

Als Sonderform der Klage besteht die Möglichkeit, eine sogenannte Untätigkeitsklage zu erheben. Sie kommt dann in Betracht, wenn die Behörde nicht innerhalb von sechs Monaten über einen Antrag auf Feststellung einer Behinderung bzw. innerhalb von drei Monaten über einen Widerspruch entscheidet. Ist innerhalb dieser Fristen keine Entscheidung ergangen, ohne dass für die Verzögerung ein Grund (z.B. Durchführung weiterer Ermittlungen) ersichtlich und dem Betroffenen mitgeteilt worden ist, hat die Untätigkeitsklage Erfolg.

Wie läuft das Klageverfahren ab?

Nach Eingang der Klage fordert das Gericht zunächst eine Begründung der Klage, wenn eine solche noch nicht vorliegt. Außerdem werden Sie aufgefordert, Ihre behandelnden Ärzte von der ärztlichen Schweigepflicht zu entbinden. Der Beklagte wird zur Klageerwiderung und Übersendung der Verwaltungsakten aufgefordert.

Gericht muss Sachverhalt aufklären

Vor den Sozialgerichten gilt der sogenannte Amtsermittlungsgrundsatz. Das bedeutet, dass das Gericht den Sachverhalt selbst vollständig aufzuklären hat, ohne dass es dabei an das gebunden ist, was die Beteiligten im Prozess vortragen. Zur Durchführung der Ermittlungen holt das Gericht vor allem Befundberichte von behandelnden Ärzten und im Anschluss daran gegebenenfalls auch Sachverständigengutachten ein.

Nach Abschluss seiner Ermittlungen erhalten die Beteiligten Gelegenheit zur Stellungnahme. Diese zielt im Falle eines für den Kläger positiven Gutachtens darauf ab, die Beklagte zur Anerkennung des Anspruchs oder zur Abgabe eines Vergleichsangebots zu bewegen. War das Gutachten hingegen für den Kläger negativ, fragt das Gericht bei diesem an, ob bzw. mit welchen Gründen er die Klage aufrechterhalten möchte.

Entscheidung des Gerichts

Kommt es auf diese Weise nicht zu einer Erledigung des Rechtsstreits, muss die Sache durch das Gericht entschieden werden. Fast immer wird das Gericht dazu eine mündliche Verhandlung anberaumen. Diese wird durch den Vorsitzenden geleitet, bei dem es sich um einen Berufsrichter handelt. Er entscheidet gemeinsam mit zwei ehrenamtlichen Richtern, von denen einer dem Kreis der Schwerbehinderten bzw. der Schwerbeschädigten angehört. Zunächst stellt der Vorsitzende den Sachstand dar, wie er sich nach den durchgeführten Ermittlungen darstellt.

Dann wird die Angelegenheit mit den Beteiligten in tatsächlicher und rechtlicher Hinsicht umfassend erörtert. Erfahrungsgemäß führt gerade in Verfahren nach dem Schwerbehindertenrecht dieses Rechtsgespräch mit den Beteiligten häufig noch zu einer einvernehmlichen Erledigung des Rechtsstreits.

Kommt es nicht zu einer solchen Lösung, wird die Sache nach geheimer Beratung durch den Vorsitzenden und die ehrenamtlichen Richter durch Urteil entschieden. Das Urteil wird im Termin verkündet und mit seinen wesentlichen Gründen den Beteiligten mündlich erläutert. Nach wenigen Wochen erhalten die Beteiligten dann die schriftlichen Urteilsgründe.

TIPP

Berufung gegen das Urteil

Sie haben die Möglichkeit, gegen das Urteil Berufung zum Landessozialgericht einzulegen. Dieses Gericht prüft dann die Angelegenheit erneut in tatsächlicher und rechtlicher Hinsicht. In der Berufungsinstanz entscheiden drei Berufsrichter und zwei ehrenamtliche Richter über Ihren Fall.

Welche Ermittlungen stellt das Gericht an und muss ich dabei mitwirken?

In Schwerbehindertenverfahren ist die Ermittlungstätigkeit des Gerichts vor allem auf die Aufklärung des medizinischen Sachverhalts gerichtet. Das Gericht beginnt seine Ermittlungen im Regelfall mit der Einholung von Befundberichten. Darin nehmen Ihre behandelnden Ärzte vor allem zu Art und Umfang der bei Ihnen vorliegenden Gesundheitsstörungen, damit einhergehenden Beeinträchtigungen und durchgeführten Behandlungsmaßnahmen Stellung und übersenden dem Gericht medizinische Unterlagen. Oft reichen die eingeholten Befundberichte aber für eine abschließende Beurteilung des Gerichts nicht aus. Vielfach schließt sich daher an die Einholung von Befundberichten noch eine Begutachtung durch einen Sachverständigen an (vgl. dazu S. 180).

Mitwirkungspflichten der Beteiligten bei der Aufklärung des Sachverhalts

Die Beteiligten sind bei der Aufklärung des Sachverhalts vom Gericht heranzuziehen. Das Gericht wird allerdings auch ohne ein weiteres Tätigwerden des Klägers seine Ermittlungen aufnehmen, wenn es Anlass für eine weitere Aufklärung des Sachverhalts sieht. Stellt sich die Sachlage für das Gericht dagegen so dar, dass die Behörde den Sachverhalt umfassend ermittelt und auf der Grundlage von aktuellen Unterlagen entschieden hat, kann es von weiteren Ermittlungen absehen. Es ist nicht zu Ermittlungen »ins Blaue hinein« verpflichtet. Vielmehr ist es in solchen Fällen Ihre Aufgabe (oder die Ihres Bevollmächtigten), dem Gericht durch entsprechenden Sachvortrag Ansatzpunkte für weitere Ermittlungen zu geben.

TIPP

Einsicht in die Akten der Behörde nehmen

Der häufig zu findende pauschale Hinweis, »die vorliegenden Gesundheitsstörungen sind mit dem vom Versorgungsamt festgestellten Grad der Behinderung zu niedrig bewertet«, ist häufig schon deshalb nicht überzeugend, weil dem Kläger mangels Einsichtnahme in die Akte der Behörde weder die festgestellten Gesundheitsstörungen, noch deren Bewertungen bekannt sind. Es empfiehlt sich daher grundsätzlich, vor Erstellung der abschließenden Klagebegründung Einsicht in die Verwaltungsakten zu nehmen.

Mitwirkungspflicht bei Aufklärung des Sachverhalts

Sie sind verpflichtet, an den vom Gericht beabsichtigten Ermittlungsmaßnahmen mitzuwirken, soweit Ihnen das zumutbar ist. Weigern Sie sich, an der Aufklärung des Sachverhalts (z.B. durch Erteilung einer Entbindungserklärung von der ärztlichen Schweigepflicht oder der Teilnahme an einer Begutachtung) mitzuwirken, geht dies zu Ihren Lasten, wenn das Gericht den Sachverhalt ohne Ihre Mitwirkungshandlung nicht weiter aufklären kann.

Mit welchen Kosten muss ich bei einem Klageverfahren rechnen?

Für die Durchführung eines auf Feststellung einer Behinderung oder Feststellung von Merkzeichen gerichteten Schwerbehindertenverfahrens vor dem Sozialgericht entstehen für Sie keine Gerichtsgebühren. Das heißt, die Tätigkeit des Gerichts ist für Sie – anders als bei den meisten anderen Gerichten – kostenfrei. Dies gilt unabhängig davon, ob das Verfahren im Ergebnis für Sie erfolgreich endet oder nicht.

Kosten eines Rechtsanwalts

In Verfahren vor den Sozialgerichten kann sich jeder Kläger grundsätzlich selbst vertreten. Dennoch wünschen viele Kläger eine anwaltliche Vertretung. Diese ist auch in Verfahren vor den Sozialgerichten mit Kosten verbunden. Der Umstand, dass Sie keine Gerichtsgebühren entrichten müssen, erstreckt sich also nicht auf die Kosten eines Anwalts.

Bei einem Schwerbehindertenverfahren normaler Schwierigkeit müssen Sie mit Rechtsanwaltsgebühren von ca. 500 Euro rechnen. Wenn keine Rechtsschutzversicherung besteht, die diese Kosten abdeckt, müssen Sie die Anwaltskosten grundsätzlich selbst tragen. Etwas anderes gilt nur dann, wenn Sie vor dem Gericht erfolgreich sind. In diesem Fall hat in der Regel der unterliegende Klagegegner die Kosten der anwaltlichen Tätigkeit zu übernehmen.

Prozesskostenhilfe

Für bedürftige Kläger besteht die Möglichkeit, beim Sozialgericht einen Antrag auf Bewilligung von Prozesskostenhilfe zu stellen. Von dieser Prozesskostenhilfe werden die Kosten abgedeckt, die dadurch entstehen, dass Sie einen Rechtsanwalt mit Ihrer Vertretung beauftragt haben.

> BEISPIEL
>
> »Ich beantrage mir für mein Verfahren, Aktenzeichen ..., vor dem Sozialgericht ... Prozesskostenhilfe zu bewilligen und Rechtsanwalt ... beizuordnen.«

Die Bewilligung von Prozesskostenhilfe durch das Sozialgericht setzt zunächst voraus, dass ein Kläger nach seinen wirtschaftlichen Verhältnissen nicht in der Lage ist, die Kosten der Beauftragung eines Rechtsanwalts zu tragen. Insoweit prüft das Gericht die wirtschaftliche Leistungsfähigkeit des Klägers. Um dem Gericht eine solche Überprüfung zu ermöglichen, muss der Kläger eine Erklärung über seine persönlichen und wirtschaftlichen Verhältnisse (vor allem über Vermögen und Einkommen) abgeben und entsprechende Belege vorlegen. Das Gericht prüft auch, ob die Klage eine gewisse Aussicht auf Erfolg hat. Daran wird es in Schwerbehindertenverfahren zumindest dann in der Regel nicht fehlen, wenn weitere medizinische Ermittlungen erforderlich zur Feststellung des Sachverhalts notwendig sind.

Sofern Sie keinen bestimmten Anwalt namentlich benennen können oder wollen, kann auch das Gericht für Sie den Anwalt aussuchen.

Begutachtung – wie läuft sie ab?

Mit einer sogenannten Beweisanordnung ernennt das Gericht einen Sachverständigen und bestimmt durch die Formulierung der Beweisfragen das Beweisthema. Selbst wenn auf mehreren Fachgebieten Gesundheitsstörungen vorliegen, wird das Gericht zunächst bestrebt sein, einen Sachverständigen auszuwählen, der in der Lage ist, möglichst fachübergreifend zu begutachten. Benennt das Gericht zwei (oder in Einzelfällen auch noch mehr) Gutachter, wird einer von diesen als Hauptsachverständiger benannt, dem auch die zusammenfassende Bewertung obliegt. Von der Beweisanordnung erhält der Kläger eine Abschrift. Der Sachverständige bestimmt (oft in Absprache mit dem Kläger) einen Termin für die Durchführung der Begutachtung.

TIPP

Einwände gegen Begutachtung

Sie sind grundsätzlich verpflichtet, sich einer vom Gericht angeordneten Begutachtung zu unterziehen. Bestehen Einwände gegen die angeordnete Begutachtung (z.B gegen die Person des Sachverständigen) muss das Gericht hiervon zeitnah in Kenntnis gesetzt werden.

Durchführung der Begutachtung

Die Durchführung der Begutachtung entspricht aus der Sicht des Klägers im Wesentlichen dem Ablauf einer Untersuchung, wie sie auch zu Behandlungszwecken durchgeführt wird. Allerdings ist eine Untersuchung zum Zweck der Begutachtung erheblich ausführlicher.

Die Begutachtung beginnt mit einem Gespräch, in dem der Sachverständige Angaben zum persönlichen und sozialen Umfeld und die gesundheitliche Vorgeschichte in Erfahrung bringt. Daran schließt sich eine körperliche Untersuchung an, die gegebenenfalls noch durch apparatetechnische Untersuchungen (z.B. bildgebende Verfahren, Funktionsuntersuchungen) ergänzt wird. Fast immer ist für die Durchführung einer Begutachtung nur ein Termin erforderlich.

TIPP

Einwände gegen die Art und Weise der Begutachtung

Bestehen aus Sicht des Klägers Einwände gegen die Art und Weise der Durchführung der Begutachtung, die sich etwa aus dem Verhalten des Gutachters in der Untersuchungssituation ergeben, sollten diese dem Gericht nach Möglichkeit mitgeteilt werden, bevor das schriftliche Gutachten vorliegt.

Zur Erstellung des Gutachtens setzt das Gericht dem Sachverständigen im Regelfall bereits in der Beweisanordnung eine Frist, die regelmäßig drei Monate nicht überschreitet. Nach Eingang des Gutachtens erhalten die Beteiligten davon eine Abschrift, die häufig mit einer Aufforderung zur Stellungnahme verbunden ist.

Bestehen Unklarheiten über den Inhalt eines Gutachtens empfiehlt es sich, das Gericht zur Erläuterung aufzufordern, gegebenenfalls auch, das Gutachten zuvor mit dem behandelnden Arzt zu besprechen.

Wie kann ich Einfluss auf die Durchführung der Begutachtung nehmen?

Ausmaß und Umfang der Beweiserhebung werden grundsätzlich vom Gericht bestimmt. Hierzu zählt auch die Auswahl des Sachverständigen, auf die weder der Kläger noch die beklagte Behörde Einfluss haben.

Arzt des Vertrauens

Der Amtsermittlungsgrundsatz, wonach das Gericht »Herr der Ermittlungen« ist, gilt nicht uneingeschränkt. Vielmehr hat jeder Kläger eines sozialgerichtlichen Verfahren das Recht, nach Abschluss der vom Gericht für erforderlich gehaltenen medizinischen Ermittlungen den Antrag zu stellen, dass ein von ihm zu benennender Arzt ein weiteres Gutachten erstellt. Sie haben damit die Möglichkeit, nach Abschluss der Ermittlungen durch das Gericht, den Sachverhalt noch einmal durch einen Arzt Ihres Vertrauens überprüfen zu lassen.

Kostenvorschuss

Dieses Recht gibt es allerdings nicht »umsonst«. Vielmehr ist vor einer solchen Begutachtung in aller Regel ein Kostenvorschuss in Höhe der zu erwartenden Gutachterkosten an das Gericht zu leisten. Die Kosten für ein Gutachten im Schwerbehindertenbereich betragen dabei selten unter 500 bis 600 Euro und können, je nach Fachgebiet, auch deutlich höher liegen. Den Kostenvorschuss erhalten Sie nach Abschluss des Verfahrens zurück, allerdings nur dann, wenn es aufgrund des Ergebnisses der Begutachtung zu einem für Sie günstigeren Ausgang des Verfahrens kommt, als dies nach dem Ergebnis der vorausgegangenen Ermittlungen des Gerichts der Fall gewesen wäre. Somit ist ein Antrag auf Einholung eines Gutachtens durch einen Arzt des Vertrauens mit einem erheblichen Kostenrisiko verbunden.

Die Bewilligung der Prozesskostenhilfe umfasst nicht die Auslagen für eine Begutachtung durch einen Arzt des Vertrauens!

Auswahl des Sachverständigen

Das Gericht ist verpflichtet, den von Ihnen ausgesuchten Arzt mit der Erstellung des Gutachtens zu beauftragen. Bei der Auswahl des Gutachters sollte für Sie weniger der Aspekt eines besonderen Vertrauensverhältnisses, sondern vielmehr die sozialmedizinische und gutachtliche Befähigung des benannten Arztes im Vordergrund stehen. Von der Benennung von behandelnden Ärzten und insbesondere von Hausärzten sollte eher abgesehen werden, weil hier eine entsprechende gutachtliche Befähigung oft nicht erwartet werden kann. Einem solchen Gutachten kommt daher häufig – wie auch die Praxis zeigt – nur ein eingeschränkter Beweiswert zu.

TIPP

Listen über Sachverständige

Sachverständigenlisten werden bei allen Sozialgerichten geführt. Diese sind zentral unter der Internetadresse www.sozialgerichtsbarkeit.de einzusehen.

Stichwortverzeichnis

A

aG light 136
Altersrente für Schwerbehinderte 25, 110
Alterserscheinungen 16
Amtsermittlungsgrundsatz 174, 182
Änderungsantrag 54
Anhaltspunkte für die ärztliche Gutachtertätigkeit 34, 36, 71
Antrag 29, 30, 60
Antragsformular 30
Arbeitgeber 18, 29, 86, 88, 91, 94, 102
Arbeitsagentur 21, 24
Arbeitsassistenz 97
Arbeitslosengeld II 118
Arbeitsplatz 143, 148
Arzt des Vertrauens 182
Ausbildung 90
Ausbildungserleichterung 92
Ausgleichsabgabe 94
Ausländer 18 f.
Außergewöhnliche Belastung 71, 122, 124, 126
Außergewöhnliche Gehbehinderung (Merkzeichen »aG«) 61, 71
Automobilclub 137

B

BAföG 93
Bausparvertrag 131
Befreiung von der Rundfunkgebührenpflicht (Merkzeichen »RF«) 25, 74
Befristung 49
Befundbericht 32, 51, 174, 176
Begleitung, ständige (Merkzeichen »B«) 61
Begleitperson 75, 134
Begutachtung 32, 33, 181
Behinderung (Begriff) 14, 15, 16
Behindertenparkplatz 25, 70, 72
Behinderten-Pauschbetrag 21, 25, 122, 124
Benachteiligungsverbot 22
Berufsgenossenschaft 52, 144, 149
Bescheid 46, 47, 60, 62
Beschäftigungsquote 94
Blind (Merkzeichen »Bl«) 74, 77, 80, 81
Blutzuckererkrankung 54
Bundesagentur für Arbeit 86, 88, 101, 144, 149
Bundesversorgungsgesetz (BVG) 28, 52, 82, 1558

D

Dauernde Einbuße der körperlichen Beweglichkeit 123
Diabetes mellitus (Blutzuckererkrankung) 37, 67, 79

E

Erhebliche Beeinträchtigung der Bewegungsfähigkeit (»G«) 64
Erwerbsfähigkeit 100, 112, 118, 146
Erwerbsminderung, -unfähigkeit 112, 118, 120

F

Fahrdienst für Behinderte 139
Fahrtkosten 126
Feststellung der Behinderung 50
Fernsehgebührenbefreiung 74, 81
Finanzamt 124, 129
Flugverkehr 135

G

Gebührenermäßigung, -befreiung
– Rundfunk, Fernsehen 74, 81
– Telefon 138
Gehbehinderung 16, 41, 61, 71
Gerichtsverfahren 170
Gerichtskosten 178
Gehörlos (Merkzeichen »Gl«) 61, 68, 80, 138
Gesundheitsschaden 156, 157, 160
Gleichstellung 21, 86
Grad der Behinderung (GdB) 18, 20
– Einzel-Grad der Behinderung 40, 46
– Gesamt-Grad der Behinderung 33, 35, 40, 42, 44, 46
Grad der Schädigungsfolge (GdS) 164
Grundsicherung 120
Gültigkeitsdauer 48
Gutachten 174, 181, 182

H

Hausarzt 31, 183
Heilungsbewährung 49, 56
Herz-/Kreislauferkrankung 37, 67, 73
Herzleistungsstörung 43
Hilflosigkeit (Merkzeichen »H«) 76
Hilfsmittel 146, 152
Hörbehinderte 74, 80
Hundesteuer 129

I

Integrationsamt 24, 88, 94, 104
Integrationsvereinbarung 97, 102

K

Kindergeld 123, 139
Klage 172, 174
Kosten des Klageverfahrens 178
Kraftfahrzeugsteuerermäßigung, -befreiung 65, 70, 81, 128
Kraftfahrzeugversicherung 137
Krankenkasse 144
Krankenversicherung 21, 101, 114, 115, 150
Krankheit 15, 17, 24
Kulturveranstaltungen 138
Kündigung des Mietvertrags 132
Kündigungsschutz 24, 86

L

Leistungen zur Teilhabe 119, 141, 142, 150

M

Medizinische Rehabilitation 142, 146, 150
Mehrarbeit 24, 107
Mehrbedarf 118, 119, 121
Merkzeichen 25, 59, 64, 116, 123, 130, 134
Mitwirkungspflicht 50, 176, 177
Mobilfunk 138

N

Nachprüfung, Nachprüfungsverfahren 49, 55, 56, 62
Nachteilsausgleich 24, 60, 109
Neuwagenkauf 137

O

Opferentschädigungsgesetz 52, 82, 160
Öffentlicher Personenverkehr, unentgeltliche Beförderung 64

P

Parkerleichterung 81, 136
Pflegebedarf 77
Pflegepauschbetrag 76, 129
Pflegestufe 130
Pflegeversicherung 77, 101, 116, 130
Prüfungserleichterungen 92, 130
Prozesskostenhilfe 179, 183
Psychische Störung 38

R

Rehabilitation 142
Rehabilitationsträger 89, 144
Rente 110, 112
Rentenversicherung 25, 29, 101, 144, 149
Rückwirkende Feststellung 48

S

Sachverständiger 176, 180, 182
Schwerbehinderung, schwerbehindert 52
Schwerbehinderter 18
Schwerbehindertenausweis 21, 60, 82, 170
– Antrag 60
– Befristung 62
– Verlängerung 63
Schwerbehindertenvertretung 102
Sehbehinderte 74, 81
Sitzplatzreservierung 135
Sonderkündigungsschutz 29, 104
Sonderurlaub 29
Soziale Anpassungsschwierigkeiten 38
Soziales Entschädigungsrecht 156
Sozialhilfe 120
Sozialgericht 172
Ständige Begleitung im Straßenverkehr 68
Steuerliche Vergünstigung 122, 124
Straßenverkehrsamt 70, 137

T

Teilhabe
- am Arbeitsleben 142, 148, 150
- am Leben in der Gesellschaft 17, 20
Teilzeitbeschäftigung 107
Telefongebührenermäßigung 138
TÜV-Ermäßigung 137

U

Überprüfung der Feststellungen 49
Unentgeltliche Beförderung 63, 64 f., 70, 76, 80, 82, 134
Unfallversicherung 101
Unterhaltssichernde Leistungen 142, 150
Untätigkeitsklage 51, 173

V

Vergünstigungen 24
Versorgungsamt 20, 28, 52, 170
Versorgungsleistungen 162, 164
Versorgungsmedizinische Grundsätze 34, 36, 66, 71

W

Wahlrecht 147
Wehrdienstbefreiung 139
Werkstatt für behinderte Menschen 100

Wertmarke 63, 65, 71, 121, 134
Widerspruch 170, 173
Widerspruchsbescheid 171, 172
Widerspruchsverfahren 170
Wohnsitz 19
Wohngeld 21, 130
Wohnberechtigungsschein 130
Wohnung
– Umbau 99, 133
– Kündigung 132
Wohnungsbauförderung 131

Z

Zusatzurlaub 24, 86, 106
Zuzahlung 25, 114

Dr. Heinfried Tintner ist Richter am Sozialgericht und Mediziner. Er ist sei vielen Jahren Vorsitzender einer Kammer für Schwerbehindertenrecht und soziales Entschädigungsrecht und hält auf diesem Gebiet regelmäßig auch Vorträge.